心理健康分类教育丛书

丛书总主编 黄跃群

生存 生活 生命

SHENGCUN SHENGHUO SHENGMING

主编◎任滨海 柳 维 副主编◎卢治东

暨南大學出版社
JINAN UNIVERSITY PRESS

中国·广州

图书在版编目（CIP）数据

生存　生活　生命／任滨海，柳维主编；卢治东副主编．—广州：暨南大学出版社，2016.12

（心理健康分类教育丛书）

ISBN 978－7－5668－1981－9

Ⅰ．①生…　Ⅱ．①任…②柳…③卢…　Ⅲ．①犯罪分子—心理健康—健康教育　Ⅳ．①D916.7

中国版本图书馆 CIP 数据核字（2016）第 264271 号

生存　生活　生命

SHENGCUN SHENGHUO SHENGMING

主　编：任滨海　柳　维　副主编：卢治东

出 版 人：徐义雄
策划编辑：苏彩桃
责任编辑：苏彩桃　张熙勤
责任校对：何　力
责任印制：汤慧君　周一丹

出版发行：暨南大学出版社（510630）
电　　话：总编室（8620）85221601
营销部（8620）85225284　85228291　85228292（邮购）
传　　真：（8620）85221583（办公室）　85223774（营销部）
网　　址：http：//www.jnupress.com　http：//press.jnu.edu.cn
排　　版：广州良弓广告有限公司
印　　刷：湛江日报社印刷厂
开　　本：787mm×960mm　1/16
印　　张：9
字　　数：157 千
版　　次：2016 年 12 月第 1 版
印　　次：2016 年 12 月第 1 次
定　　价：29.80 元

序　一

在以健康中国作为发展战略的大背景下，“心理健康分类教育丛书”（以下简称“丛书”）即将正式出版，这是我省监狱系统心理健康矫治教育史上的一件大事和喜事！该丛书首次全面、系统、科学、规范地对服刑人员心理健康教育各个方面进行开拓性的探索，其中来自工作一线的系列创新实践，极大地丰富了心理矫治教育内容，填补了我省服刑人员心理健康教育的空白。

“要加大心理健康问题基础性研究，做好心理健康知识和心理疾病科普工作，规范发展心理治疗、心理咨询等心理健康服务。”这是2016年8月习近平总书记在全国健康与卫生大会上的嘱托和厚望。加强心理矫治理论和方法等基础性研究，对于担负着教育人、改造服刑人员重任的监狱系统来说更是刻不容缓、任重道远。

社会所需，学术所为。本丛书的问世，具有超前性、实用性和知识性，契合了健康中国的新主旨，也较好地满足了监狱心理健康矫治教育的迫切需求。服刑人员的心理健康，关乎社会的安定和谐，需要心理健康教育者、监狱管理者、医务工作者等多学科人员的齐心协力，汇聚智慧，创新探索。本丛书的问世，在心理健康教育体系建设和规范化矫治上具有前瞻性，在加强服刑人员心理健康矫治教育上具有实用性，在提升服刑人员的心理健康素养上具有知识性。

实践为基，成果共享。本丛书夯实了心理健康研究的基础性、科学性和权威性。丛书的作者跨条块、跨领域、跨身份的合作研究，既接地气，又显生气。丛书从情绪管理入手，延伸到身心健康、人际关系、婚姻家庭、环境适应、职务犯矫治和“三观”教育的探索，把基础性研究做得扎实科学，使之成为指导实践、促进矫治的金钥匙。

本丛书开职务犯心理矫治教育的先河。职务犯心理矫治是监狱系统一个全新的课题。本丛书以心理学相关理论为基础，运用专业的心理咨询、辅导和治疗的方法，对职务犯的犯罪心理进行了深入的探究，开出了职务犯自我认知障碍与矫治、社会认知障碍与矫治、情绪障碍与矫治和适应障碍与矫治的药方，为其消除违法犯罪的心理结构、修正行为模式、顺利完成服刑改造并回归社会提供了实用性的指导，为监狱警察的矫治实践提供了专业性的指引。

本丛书开创了心理矫治教育的新视角。本丛书的主编及参编作者主要是当前活跃在心理矫治领域的一线专家和青年才俊，具有扎实的学术功底和丰富的实践经验，而且取得了许多颇具价值的理论成果。他们从情绪、人际、环境、身心、生活、回归的角度切入，导入创新的端口，给心理矫治带来新视野、新思维、新路径。

本丛书内涵丰富。在编写这套丛书的过程中，作者注意吸收近年来心理健康矫治教育的最新成果，注意国内外学术发展的最新动向，力争使丛书内容能够站在世界的学术前沿，反映心理矫治教育成熟的理论。值得欣慰的是，整套丛书将学术性、新颖性、应用性和可读性有机结合起来，以期更好地推动心理健康矫治教育的开展。

强化心理健康意识，普及心理健康生活，优化心理健康教育，建设心理健康环境是“监狱人”的所盼所归。把服刑人员改造成心理健康、遵纪守法的新人，是社会赋予我们的责任。健康中国，健康狱园，是我们的热切期待。愿本丛书的出版能为加快健康中国、和谐中国的建设添砖加瓦。

以服刑人员心理健康矫治为出发点，从“1”发轫，促进服刑人员身心健康，推进健康狱园建设的新征程已经开始，这必将为服刑人员带去更多、更广、更公平的健康福祉。丛书的出版，良可志贺，特为之序。

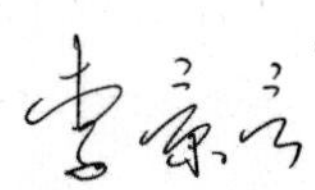*

2016年11月22日

* 李景言：广东省监狱管理局局长。

序　二

心理健康教育与心理咨询是一项思想性和技术性都很强的工作，不同的社会环境，不同的社会阶层，不同的群体，其心理状况各有特点。如何结合工作对象的特殊性开展心理健康教育和心理咨询的理论与技术研究，是应用心理学界需要不断创新探索的课题。

人之初，是性本善还是性本恶，或是不善也不恶？这种关于人性的基本假设不仅是哲学、伦理学探索的课题，也是心理健康教育与心理咨询工作取向的出发点。一个人为何会犯罪？是人性恶之本源作祟，还是善心缺乏栽培和引导？服刑人员虽然身在监狱，但是否心服口服，真正认识到了自己犯罪的渊薮？事实上，将自己犯罪的原因外归因还是内归因十分重要，这几乎决定了服刑人员未来出监后的发展方向，是痛改前非还是故伎重演、重走老路？由此可见，监狱心理矫治工作在提高服刑人员改造质量，降低服刑人员重新犯罪率，帮助他们更好地适应环境等方面担负有极其重要的功能。

心理健康教育与心理咨询工作治病救人犹如医学一般，但以往的监狱心理健康教育常有教育内容针对性不强、分类不够清晰等不足，因此，如何围绕心理健康教育对象的心理问题，辨证施治，分门别类地给予有针对性的教育与实施心理矫治工作，就需要教育理念、教育载体、教育内容与方法手段的创新。正如现代医学模式正从生物医学模式朝向生物心理社会医学模式转型升级一样，监狱心理健康教育与心理矫治工作也需要通过不断的创新驱动来实现水平的提升。

我们可喜地看到，在广东高校心理学专家教授、医院心理医生与监狱从事心理矫治警察的跨界融合、协同创新之下，“心理健康分类教育丛书”付梓了。这套丛书凝聚了专家学者和监狱警察的心血和智慧，把创新发展理念付诸实践，促进心理矫治工作创新发展，对于监狱心理矫治实务工作将带来积极的影响，可喜可贺！

该丛书作者勇当分类教育创新的探索者、实践者和推动者，坚持以创新理念统领丛书，把分类教育的规律性作系统化归纳，把教育内容的丰富性作专业化总结，把教育形式的创新性作科学化提升，编写出一套“既接地气，又服水土，融合创新”的心理健康分类教育丛书，打造心理矫治教育的“新蓝海”。该丛书共分七部：《健康从心开始》《生存　生活　生命》《人际关系与沟通》《情绪管理训练》《职务犯心理矫治》《亲情与我同行》《环境用心适应》，涵盖了服刑人员的身心健康，世界观、人生观和价值观教育，人际关系，情绪管理，职务犯心理矫治，婚姻家庭，环境适应七个方面的探索，具有较强的基础性、理论性和可操作性。丛书的出版，开创了高校与监狱合作编写教材的先河，填补了监狱系统心理健康分类教育专属教材的空白，是心理健康分类教育的引领之作，对于提高监狱心理健康矫治工作的专业化和规范化水平将起到积极的指引作用。祝愿“心理健康分类教育丛书”能成为服刑人员重新认识自我、提高心理素养的精神食粮和良师益友，成为监狱心理矫治人员专业工作的指南。

谨以为序。

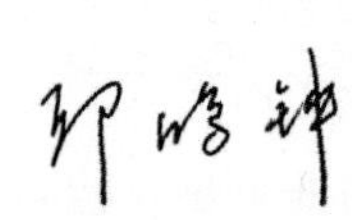*

2016 年 11 月

---

* 邱鸿钟：广东省心理卫生协会副理事长、广东省高校心理健康教育与咨询专业委员会主任、广州中医药大学教授、博士生导师。

目录
Contents

第一章

“三生”教育概述

第一节 生存、生活与生命概述

马克思说过："动物与它的生命活动是直接同一的。动物不把自己同自己的生命活动相区别开来，它就是这种生命活动。人则使自己的生命活动本身变成了自己的意志和意识的对象。他的生命活动是有意识的。"① 能够反思自己作为客观存在而存在，这正是人与动物最大的区别之一。

生存、生活和生命是人生状态的三种不同层次。生存是一种本能，是人存在于社会的首要前提条件；而生活是一种方式，是人存在于社会的状态与终身追求；生命则是一种概括，是人存在于社会的价值体现与意义思考。生存的最终目的，就是为了享受生活；之所以要享受生活，就是要活出生命的价值，这三者之间是层层递进的关系。

任何一个自然的人，绝大部分时间都停留在生存阶段。"日出而作，日落而息"，为了生存，不断地重复工作。看起来，这很无趣，但生存不易，在这种状态下，人更应该懂得"天将降大任于斯人也，必先苦其心志，劳其筋骨，饿其体肤，空乏其身"的道理，对现实中可能出现的磨难和痛苦既不沮丧，也不萎靡，更不应该逃避。须知，从来没有一个人的成功是轻易达到的，成功的背后都有无数个日夜的奋斗。在这种状态之下，我们更需要做的是激发自身内在的潜能，相信天道酬勤，努力不会白费，付出终有回报，只要坚持不懈、持之以恒、孜孜以求，再大的坎坷都会给你让路，再多的荆棘都会向你低头，生存空间就会拓展，生存环境就会改变。

在基本的生存需要满足之后，人就步入了生活层次。生活层次，意味着对美好、幸福、快乐的追求。人是社会性的动物，生活于各自的社会文化当中。个体所处的社会文化不同，其对生活就会有不同理解与追求，这也就意味着对美好、幸福、快乐的理解各有不同。有的人可能认为吃好、穿好、玩好就是美好、幸福和快乐，也有人认为简单、朴实、平淡就是美好、幸福和快乐……不管持何种态度和观点，生活都是由自己选择与把握的。随着物质产品的极大丰富，我们会遇到更多的诱惑，面对更多的挑战。在这个时候，我们每个人都更应该保持一种警惕，随时去梳理自己的思想和行为，去反思自己的生活追求，不至于过分沉溺于物欲，不让自己的精神空虚、意志消沉、

① 马克思，恩格斯．马克思恩格斯全集：第 42 卷．北京：人民出版社，1979：96.

斗志衰退、道德腐化。生活强调的是符合规律，这个规律指的是自然的规律、社会的规律、人伦的规律等。人生于天地间，活于五常中，应该遵循这些规律。每个人必须在社会公允、道德规范、法律约束内享受生活，该做就做，不该做则止，这样的生活才会心安理得。生活讲究的是维持平衡，就像人吃饭，既要吃细粮，也要吃粗粮，特别是不能太油腻，要经常吃点蔬菜，这样才有益于身心健康。生活注重的是保持真实，悖真实而求生活只能是海市蜃楼。也就是说，如果谁欺骗了生活，生活就会欺骗谁。在生活面前，要做到不虚伪、不做作、不违背良心，抛却妄想和幻想。这样的生活，享受起来才自然、坦然和安然。

时光易逝，韶华易老。生命是短暂的，但对每一个人来说，生命则是宝贵的，生命属于每个人，且只有一次。正因为如此，我们更应该去挖掘生命的意义。“人固有一死，或重于泰山，或轻于鸿毛。”生命的长短我们无法把控，这是上天给予我们的；我们更应该在意的是生命有多宽，这是我们给予自己的。从这个意义上说，人不能决定生命的长短，但可以扩展其宽度与厚度。因此，生命是可以创造的。这是因为人既是自然的人，也是社会的人，其生命不仅仅属于自己，更重要的是属于社会。当生命属于自己时，到头来仅仅是一堆黄土；当生命属于社会时，既可能是一根朽木，也可能是一座丰碑。“有的人死了，他还活着；有的人活着，他已经死了。”这就是生命的全部含义，也是最好的诠释。每一个人在生与死面前都有选择不朽或者被遗忘的权利，如何抉择，如何取舍，直接反映出生命的分量和价值。若想生命重于泰山，就应该选择利人，做到尊重人、关心人、爱护人、帮助人；就应该选择利社会，做到“先天下之忧而忧，后天下之乐而乐”，多一点奉献，少一点索取；就应该选择利国、做到爱国不辱国、为国不损国、殉国不叛国。不管是生还是死，人都应该始终站立着，让后来人学习和效仿。我们需要用一种精神、一种品格、一种力量，来经常拷问自己的灵魂，来雕琢、修饰、完善人生。

人的一生，要在生存的基础上，追求生活的韵味，达到为生命喝彩的终极目的。这就是生存、生活与生命。理解了三者之间的层层递进关系，才能使我们唯一的一生，尽显其缤纷与绚丽。

第二节 “三生”教育的介绍

一、“三生”教育的内涵

《天下至道谈》中写道：“人产而所不学者二，一曰息，二曰食。非此二者，无非学与服。”意思是说，人生来有两件事是不学就会的，一是呼吸，二是吃饭。除此之外，其他没有不通过学习、练习、操作实践就会做的。因此，人生应该如何认知、如何度过等都是需要学习的。这就为生命教育的产生提供了必要性。生命教育主要包括以下三个层次：

第一个层次是生存意识教育，实际上也就是珍惜生命的教育。这是生命教育的第一个层次，是生命教育的基础和首要前提，包括生命安全教育、生活态度教育、死亡体验教育。

第二个层次是生活能力教育，这是个体生命得以展开的必要条件，包括抗挫折能力、生活幸福感等方面的训练。

第三个层次是生命价值升华教育，即生命质量提升教育，是生命教育的最高层次。

“三生”教育概念正是从生命教育中衍生发展出来的，它包含“生存教育、生活教育与生命教育”三个目标点：

生存教育：活着→生命意识教育→生命意识感；

生活教育：活好→生命质量教育→生命幸福感；

生命教育：活出价值→生命价值教育→生命价值感。

“三生”教育的目的是通过认知以及实践让个体认识生命、尊重生命、爱护生命；促使个体能够主动、积极、健康地提高生存价值，明确生命的意义，实现生命的价值；关心自己和家人的生命安全，推而广之关心朋友、他人的生命安全；掌握生存技能，强化生存意识，把握生存规律；了解生活常识，掌握生活技能，获得生活体验、情感体验，树立正确生活观念，最终把个体塑造成一个具有社会公德心、能应对生存压力，以及拥有乐观心态的合格的社会公民。

二、“三生”教育的缘起

1964年，日本学者谷口雅春鉴于教育理念中唯物教育的盛行而导致亲子与师生关系的破裂，出版了《生命的实相》一书，首先强调生命教育的重要性。他认为，实施生命教育，能有效克服唯物教育所产生的缺失，带动日本社会的变化。1968 年，美国著名的演讲者、作家与人生导师杰·唐纳·化特承袭印度瑜伽大师雪莉·雪莉·阿南达·摹提吉的精神，首次明确提出生命教育的思想，并在美国加州创办了“阿南达村”和阿南达学校，倡导和实践生命教育的思想。

到 1976 年，美国有 1 500 所中小学开设了生命教育课程，20 世纪 90 年代美国中小学的生命教育基本普及。为推广生命教育，美国成立了各种专业协会，出版了许多专业及普及性的书籍和杂志。目前美国的生命教育大致分为品格教育、生命挑战教育、情绪教育三部分。

澳大利亚的生命教育是泰德·诺夫于 1979 年在悉尼创立的，最初是供学校运用的反毒品教育资源。英国的生命教育最初是由查尔斯王子鼓励诺夫先生将生命教育传至本国。到了 1986 年初，英国第一个生命教育流动教室产生。1987 年，成立了生命教育中心英国基金会。

三、“三生”教育在我国的发展

中国“三生”教育的发展，可以分成五个阶段：

第一个阶段，2003 年之前的初步引入。

台湾的生命教育最早由民间团体于 1976 年从日本引入。1997 年，台湾成立“生命教育推广中心”。台湾“教育部门”组织有关专家、学校规划《生命教育实施计划》，设计生命教育课程，编写教材，培训师资。台湾于 2000 年 2 月宣布设立“学校生命教育专案小组”，同年 8 月又正式成立“生命教育推动委员会”，规定 2001 年为台湾的“生命教育年”，发布“生命教育先导计划”。目前，生命教育已成为遍及台湾地区的新的教育门类。

2002 年 12 月，香港特别行政区成立了生命教育中心，以社区和中小学为阵地开展生命教育，学校、传媒和非政府机构都成为推动生命教育的主要力量。

中国大陆自 20 世纪 90 年代以来，全面实施素质教育，倡导以人为本和尊重、关心、理解、信任每一个人，从某种意义上讲，这也是开展生命教育的开端。

第二个阶段，2004—2007 年，“三生”教育的初步实操阶段。

在这个阶段，国内开始将引入的“三生”教育理念逐步发展到具体实施

“三生”教育的实践中。标志性的事件为2004年辽宁省启动《中小学生命教育专项工作方案》。之后，上海、黑龙江、广东深圳、重庆等地相继下发了关于“三生”教育的指导意见。

第三个阶段，2008—2010年，中国特色“三生”教育模式的创立。

从国外的生命教育模式出发，进一步结合中国的特色，发展出了以生存、生活与生命教育为特色的三位一体式的“三生”教育模式。标志性的事件是2005年云南省颁布了《关于实施生命教育 生存教育 生活教育的决定》和《关于生命教育 生存教育 生活教育的实施意见》两份文件。2010年，陕西省教育厅下发了《关于在大中小学积极开展“三生”教育系列活动的通知》。

第四个阶段，2011年至今，“三生”教育的迅速发展。

2010年，国家发布了《国家中长期教育改革与发展规划纲要（2010—2020年）》，明确提出“学会生存生活，重视生命教育”等理念。

从最根本的意义上来说，“三生”教育乃是一种全人教育，它涵盖了人从出生到死亡的整个过程和这一过程中所涉及的各个方面，既关乎人的生存与生活，也关乎人的成长与发展，更关乎人的本性与价值。三生教育的核心目标在于，通过生命管理，让每一个人都成为“我自己”，都能最终实现“我之为我”的生命价值，即把生命中的爱和亮点全部展现出来，为社会焕发出自己独有的美丽光彩。

第三节 监狱系统开展“三生”教育的意义

监狱是一种特殊的环境。在这种环境当中，罪犯群体与正常社会产生了隔离。正是由于这种隔离，罪犯失去了以前曾经拥有的社会支持。在这种隔离状态中，生活的枯燥乏味，导致罪犯的敌对情绪和攻击行为增强。但罪犯所处环境的特殊性使之对外的攻击受到了遏制，为了发泄消极情感，随之就有可能增强对自己的攻击性。服刑罪犯在监内所产生的抑郁、绝望等不良情绪和心理危机如果不能得到及时恰当的干预，他们就会从内心深处体验到很强烈的无助感和绝望感，甚至有可能产生自杀行为。大量的调查发现，监狱罪犯的自杀风险是普通人的3～4倍。

目前的中国监狱改造教育，多是政治教育、法制教育、文化知识教育、职业技术教育和劳动教育，目的是要把罪犯塑造为“良好的守法公民”。围绕这些内容，无论是监狱，还是罪犯的家庭，以及社会公众的帮教，都在刻意要求罪犯应该做什么、怎么做，却从来没有顾及罪犯对自我生命价值的评判。这样的教育定位，忽略了罪犯首先是作为一个自然人而存在，其次才是作为社会人而存在的现实，只强调了罪犯作为社会人的“应为”，而忽略了罪犯作为自然人的本能需要和作为社会人的“为何而为”的思考。

我们检索相关文献发现，目前尚无直接对服刑人员的生命态度、生命价值与意义等进行的相关研究。目前国内关于服刑人员的研究主要集中在心理健康和自杀意念上。大量的司法实践以及心理学研究表明，服刑人员的整体心理健康水平普遍偏低，这势必会降低对其进行改造的质量。

对罪犯的教育改造目标不应该仅仅局限于其回归社会后不再重新犯罪的“良好社会公民”的层面。意大利教育家蒙台梭利曾深刻地指出：教育的目的在于帮助生命力的正常发展，教育就是助长生命力发展的一切作为。生命是教育思考的原点，教育源于生命发展的需要，教育肩负的更为重要的使命是着眼于人的全面发展，陶冶性情，铸造人格，培养罪犯正确的世界观、人生观、价值观。

正是基于此种出发点，我们力图对监狱服刑人员开展“三生”教育，即生存教育、生活教育以及生命教育。“三生”教育应该是监狱、家庭、社会等多种力量共同参与实施的，因为监狱是矫正服刑人员的主要场所，所以其对“三生”教育负有主导作用。具体到推行“三生”教育，必须从课程设计、教学方式、教师素养等方面着力。课程设计方面，应立足“三生”教育的三个核心目标，设计教学活动，渗透生命教育；教学方式方面，以分享与体验为主，使“三生”教育触及灵魂；教师素养方面，主要是帮助启发教师的生命关怀和生命智慧，同时，进一步推动教师向服刑人员传递生命感悟。

具体而言，我们根据“三生”教育的三个核心目标，对每一层级进行了相应的细化：

在生存教育方面，主要针对对监狱生存环境的认识、对监狱惩罚改造现实的认识和对死亡的初步了解等方面进行教育。

在生活教育方面，主要针对在监狱的封闭环境中，如何进行选择方面进行教育。

在生命教育方面，则进一步涉及生命的价值，在积极培养监狱服刑人员正确的人生观与价值观等方面进行教育。

第四节 生命教育的理念——知行统一

思想教育重在从思想上对人进行教育，影响人的思维方式，并进一步塑造被教育对象的人生观、价值观。思想教育成功与否的判定标准，最终要落脚于被教育对象的行为表现。从思想到行为，这个过程是教育是否成功的关键。因此，为更好地达到教育目的，我们不仅要研究教什么内容，更重要的是研究如何来教，从而能够将教育内容吸收内化，变为自己的准则，并依此行事。

宋代儒学大师朱熹说："论先后，知为先；论轻重，行为重。"知的目的在于行，行的结果决定于知。能否使被教育对象把认识转化为行为，并使之科学化和持久化，是思想教育成败的关键所在。因而，做到知与行的统一是教学的重中之重。

怎样使知与行真正统一起来，避免口号式、标签式的"空对空"现象呢?

一、教育要体现自主性

苏联教育家苏霍姆林斯基说过，"人的心灵深处，有一种根深蒂固的需要，希望自己是个发现者、研究者、探索者"。所以，在思想教育中，被教育对象能自己做的事要求其自己做；能自己发现的事要求其自己发现；能自己思考的问题要求其自己思考……解放他们的思维束缚。要相信不管被教育对象的文化层次如何，每个人都有思考的需要，从而达到陶行知先生提出的"教、学、做合一"的境界。

因此，在思想教育上，我们要给被教育对象相对充足的学习、体验、反思时间，组织小组讨论，合作学习，拓展渠道，增强角色体验，注重反思与思考等，让被教育对象主动参与、主动思考、主动实践、主动探索、主动创新，从而充分体现其"主角"角色。在其主动参与学习的过程中形成促进其内化导行的内驱力。

二、教育要体现规律性

美国作家马克·吐温曾经有一次在教堂听牧师演讲。刚开始的时候，他看着牧师站在讲台上滔滔不绝，不仅演讲的内容十分丰富，而且肢体语言也十分丰富。于是，马克·吐温觉得在募捐的时候，自己一定要比别人多捐两倍，来表示对这位牧师的尊重和支持。然而，牧师在那里讲了四十多分钟，却依旧没有要结束的迹象。这让马克·吐温有些不快。又过了近三十分钟，牧师的演讲依旧没有结束。马克·吐温有些生气了，觉得他这样做只是在耽误大家宝贵的时间。于是，他决定在募捐的时候，只捐一些零钱。又过了十分钟，牧师还没讲完，于是马克·吐温生气地决定，自己一分钱也不会捐，真是太过分了。结果，又过了很长一段时间，牧师终于结束了冗长的演讲，开始募捐了。当牧师端着募捐箱来到马克·吐温面前的时候，由于气愤，马克·吐温不仅一分钱未捐，他还从箱子里偷了两美元。

为什么马克·吐温会从一开始的极度感动到后面的厌烦，甚至最后从募捐箱里面偷钱呢？在心理学上，我们把这种刺激过多、过强和作用时间过久而引起心理极不耐烦或反抗的心理现象，称为“超限效应”。所以，教育同样要避免这种“超限效应”，要采用最短、最有效、最科学、最合理的方式来进行。

基于此种目的，我们对本书的教学，设计了下列教学方案。

1. 导入环节

“Stay hungry，stay foolish。”乔布斯曾用这句话激励所有人保持求知之心，永远对世界充满好奇。

知识始于好奇。许多闻名于世的科学家都是从好奇心步入知识海洋的。牛顿因对苹果落地产生好奇，发现了万有引力定律；瓦特也因对水沸腾原理的好奇而刻苦钻研，最终发明了蒸汽机。好奇心是获取知识的先导，是创造的先驱。

要能够更好地引导被教育对象，首先就要唤起被教育对象的好奇心。在这个环节中，我们采用各种形式，如呈现案例、播放歌曲等，目的就在于激发被教育对象的好奇心。

2. 知识呈现环节

知识，是指人类对物质世界以及精神世界探索的结果总和。知识也是人类在实践中认识客观世界（包括人类自身）的成果。它包括对事实、信息的描述或在教育和实践中获得的技能。它可以是关于理论的，也可以是关于实践的。

知识从何而来？知识的来源有两个途径，一个是直接知识（即个体自身亲自参与的社会实践，并在社会实践中不断总结、概括、积累而成），另一个是间接知识（即是指书本知识，书本知识又是前人经验的概括和总结）。随着网络时代的来临，知识迎来了大爆炸。一个人限于时间与空间，穷其一生也不能亲身经历、体验所有知识。在这种情形下，不知则问，不能则学，通过间接经验来进行学习就成为最重要的知识获取方式。

因此，在这个环节，我们主要针对主题呈现相关的知识点，拓展被教育对象的知识视野。

3. 体验环节

螃蟹、猫头鹰和蝙蝠，每种动物都有一种陋习。螃蟹横着走，猫头鹰昼伏夜出，蝙蝠倒着睡觉，这些陋习老是被人耻笑。有一天，这三种动物聚在一起，下定决心改正陋习，一起去上陋习改正补习班。数年过后，它们都顺利毕业并获得博士学位。不过，螃蟹仍然横着走，猫头鹰仍然昼伏夜出，蝙蝠仍然倒着睡。

这个故事说明，知识与行动之间，并不是直接联系在一起的。要将学到的知识体现于行动，中间还欠缺一个重要的环节，这个中间环节就是体验。通过体验，将知识即别人的经验与个体即自己的经验相结合，验证、修改、融合，最终变成自己的知识经验体系，从而进一步指导自己的行动。欠缺了这个环节，知识就变成了无源之水、无本之木。因此，这个环节主要就是针对体验而设计的。

4. 提升环节

某时某刻，我们也许会被感动，甚至被感动得热泪盈眶、号啕大哭。在此时此景中，每个人都许下了宏愿，要去改变。但这种改变，随着时过境迁，很快就被抛诸脑后。之所以会出现这样的情况，归根结底，在于缺少对自己行为结果的有效反馈，即缺少对行为结果的反思。

广义的反馈是指发出的事物返回发出的起始点并对发出者产生影响的一种行为。它既是控制论的一个概念，又是管理学上的一个概念。狭义的反馈，主要是指以被教育者为信息起始点的教育结果的回馈。

全球知名的思想先锋斯宾塞·约翰逊认为："人的首要动力就是对结果的反馈。""反馈是夺标的早餐"，反馈推动着我们前进。研究人类行为的心理学家很久以前就发现，"回馈"是人类行为中持续产生优秀表现的最重要条件之一。若没有频繁、具体的反馈，表现常常都会变差。然而，在实际教育工作中，许多教育者往往忽视这一环节，认为培训完了就结束了。有研究显示，在管理情境中，业绩效率不高的原因，50%是由于缺乏"回馈"。员工不知道自己做得好不好，也就不知道是继续还是改变。这就好比保龄球滚进遮有帘幕的球道，玩家甚至连击中多少只球瓶的概念都没有，自然无法修正下一次出手的力度与方向。所以改善绩效最快速、最便宜、最有效的方法是给予具体的反馈。

为了能够增强教育效果，给予反馈指导，我们设计了提升环节。这个环节的形式一般是做一个长期作业，通过长期作业来对自己的行为体验进行反思，从而最终获得个体化的间接经验。

三、教学质量的关键——互动关系

融洽和谐的教育关系是提高教学质量的关键。一是只有有了相互信任的教育关系，教育人员输出的各种信息才会在被教育对象的头脑里畅通无阻，从而取得最佳的教学效果；二是教育人员要有期待，对每一个被教育对象充满信任和期待，就会使被教育对象得到一种潜在的鼓舞和力量。

最后，我们用一个意义深远的故事来结束我们这一章节的学习。故事的名字叫“分苹果的故事”。

美国一个心理学家为了研究父母教育对于一个人的影响，他和他的研究团队专门挑选了50名成功人士和50名犯罪分子进行了比较研究。他们研究的主要项目之一是：一生中对自己的人生影响最大的事件是什么。为此，研究组对被研究人员分别进行了深入的书面调查和直接交谈。

在两组人的回信中，有两封信让他们印象深刻，一封来自白宫某位著名高级官员，另一封来自监狱服刑人员。印象深刻的原因，是这两封信讲的几乎是同一件事：小时候妈妈分苹果。

犯人回信的大意是这样的：小时候的某一天，妈妈拿出了几个大小不一的苹果，我一眼就看中了那个最大的苹果，很想得到它。妈妈把苹果放在桌上正要让我们选择时，那个最大的苹果一下子就被弟弟抢先拿走了。妈妈看见后训斥了弟弟：“好孩子不能只想着自己，要学着把好东西让给别人。”

弟弟当然舍不得放手，我灵机一动就说：“妈妈，把最小的给我，把那个最大的给弟弟吧。”妈妈一听很高兴，站起来吻了我一下，夸我很乖懂礼貌，并从弟弟手上拿过那个大苹果递给了我。弟弟哭了，我暗暗自喜。从那以后，我便学会了撒谎，学会不择手段地去获取我想得到的任何东西，直到现在被关进了监牢。

白宫著名人士的回信大意是这样的：小时候的一天，妈妈拿了三个大小不一的苹果给我们兄弟三个人分，我和哥哥、弟弟三人都想得到那个最大的苹果。但妈妈拿着那个最大的苹果对我们说："这是最大最红最好吃的苹果，人人都想要。给谁呢？那好吧，我们来进行一个比赛，我们将庭院前的草坪分为三等份，你们三人各分一块，谁做得又好又快，这个大苹果就归谁。"

兄弟三人就开始进行修剪草地竞赛。我很想得到那个大苹果，干起活来特别卖力，后来妈妈带着我们三个人一起评比，最后我赢了。

妈妈让我知道了一个很简单但是最重要的道理：要想得到最好的，就要干得比别人好，就要力争上游。我很感激妈妈，她是我人生的第一个老师。

从上面的故事可以看出，教育者（妈妈）可以把孩子教育成一个撒谎的人，也可以把孩子教育成一个诚实拼搏、力争上游的人。这其中的区别，就在于教育者（妈妈）的所思所想。

我们作为一个教育者，面对被教育对象，我们的所思所想又是什么呢？

最后，留下一个思考题：

是不是有了"分苹果的故事"，我们就不需要"孔融让梨的故事"了呢？

第二章

服刑人员生存质量的测查

第一节 生存质量概述

生存质量又称生活质量或生命质量，是全面评价生活优劣的一个概念。生存质量有别于生活水平，生活水平回答的是为满足物质、文化生活需要而消费的产品和劳务的多与少的问题，而生存质量则是要回答生活的“好不好”的问题。在某种程度上，生存质量须以生活水平为基础，但其内涵具有更大的复杂性和广泛性，它更侧重于对人的精神文化等高级需求满足程度和环境状况的评价。

生存质量概念最早出现在美国经济学家 J. K. 加尔布雷思所著的《富裕社会》（1958）一书中。该书主要揭示美国居民的生活水平较高与满足社会的、精神的需求方面相对落后之间的矛盾现象。他在发表于 1960 年的美国《总统委员会国民计划报告》和由 R. R. 鲍尔主编的《社会指标》文集中正式提出“生存质量”这个专门术语。生存质量就是人们在生活舒适、便利程度以及精神上所得到的享受和乐趣。此后，生存质量逐渐成为一个专门的研究领域。坎贝尔在 1976 年将生存质量定义为生活幸福的总体感受，美国学者林南也类似地将生存质量定义为“人们对于生活环境的满意程度和对生活的全面的评价”。

从广义上看，美国经济学家罗斯托所指的生存质量包括自然和社会两方面的内容，前者包括自然环境的美化和净化，后者则包括社会教育、卫生保健、交通、生活服务、社会风尚乃至社会治安等条件的改善等。我国著名经济学家厉以宁在对生存质量的看法中也大致包含上述的自然和社会两个方面。

心理学家认为，用客观的社会指标来衡量人们的生存质量水平，实际上是不完全科学的。因为从逻辑上讲，用它来观测生活时，存在着一个客观前提，即如果客观标准表明生活状况良好，则人们生活质量就会比较高，人们对于生活就会比较满意。但这一假设是否成立还存在着疑问，因为不管是在研究中还是在实际生活中，人们逐渐意识到，客观指标和生活满意度之间并不总是一致的关系。具体来说，客观指标反映的只是人们拥有某种客观物质的数量状况，而这些客观物质到底能从多大程度上满足人们的需求，还需要从人们的主观评价中才能得知。

特别是随着现代医学的发展，医学的各领域都将生存质量作为非常重要的问题。新的药物和治疗方法的不断出现，使得医生可以对各种疾病和病理状态加以改善。利用药物和手术治疗虽然可以使疾病得以控制，但疾病往往导致患者的生活受限或带来其他不良的影响。所以，当代医学更多地从患者的生活和人生充实感等各个方面总体客观地对患者的生存质量进行评价。

因此，从狭义上来讲，生存质量主要是研究个人层面的生活满意度的情况和幸福感的建立，它通常关注个人或家庭的生活条件、生活水平和个体的满意程度，强调人们在生活中的主观感受，也就是人们对于生活的满意程度。

第二节　生存质量评定量表

一、世界卫生组织生存质量测定量表（WHOQOL－100）

（一）简　介

随着社会的发展，人们对健康的理解越来越全面。健康不仅意味着生理上的无疾，还包括良好的心理状态和社会关系。近年来，世界上出现了不少健康测定量表，但大多数量表制定偏重于测量疾病的症状、残疾的程度，没有全面地测定个体的生存质量，也没有对健康进行全面的评价。另外，许多量表是由北美、欧洲等国家研制的，鉴于文化背景、经济的差异，这些量表未必能直接应用于其他国家和地区。在这种情形下，研制一个对个体生存质量进行全面测定、能用于不同文化背景、测定结果具有国际可比性的量表便显得十分必要了。

按照世界卫生组织的定义，与健康有关的生存质量是指不同文化和价值体系中的个体对他们的目标、期望、标准以及所关心的事情有关的生存状况的体验。包括个体的生理健康、心理状态、独立能力、社会关系、个人信仰和与周围环境的关系。根据上述定义，世界卫生组织研制了用于测量个体与健康有关的生存质量的国际性量表——世界卫生组织生存质量测定量表（WHOQOL－100）。该量表不仅具有较好的信度、效度、反应度等心理测量学的性质，而且具有国际可比性，即在不同文化背景下测定的生存质量得分具有可比性。中山医科大学卫生统计学教研室方积乾教授领导的课题组受世界卫生组织和中华人民共和国卫生部的委托，在 WHOQOL－100 英文版的基础上，结合中国国情，遵照世界卫生组织推荐的程序，制定了 WHOQOL－100 中文版。该中文版量表已被我国政府列为医药卫生行业标准。

（二）测验内容及实施方法

1. 测验内容

WHOQOL－100 量表包含 100 条问题，覆盖了有关生存质量的 6 个领域和 24 个方面，每个方面有 4 个问题条目，分别从强度、频度、能力、评价四个方面反映同一特质，见表 2－1。每个问题的编码格式是“F.”，其中“F”表示问题所属的方面，“.”表示该方面的问题序号。例如，“F7.2”表示第七方面的第二个问题。另外还包括 4 个关于总体健康状况和生存质量的问题（其编码分别是 Gl、G2、G3、G4）。

WHOQOL－100 中文版除了原版的 100 个问题，还附加了 3 个问题。

（1）家庭摩擦问题。对于大多数中国人，家庭生活是很重要的，家庭冲突会影响生活质量。尽管在原来的 100 个问题中有了家庭关系的问题，但是家庭成员中存在冲突并不意味着家庭关系就较差，所以增加了新问题：“家庭摩擦影响您的生活吗?”

（2）食欲问题。食欲是中国人饮食文化中的重要因素，中医在问诊时首先关心的问题之一就是病人的食欲。因此，附加了一个问题：“您的食欲怎么样?”

（3）生存质量的总评价。一般认为，受各种原因的影响，对单个问题的答案可能或多或少地偏离真值，而病人对自己的生存质量的总评价是相对稳定的，因而有了一个概括性的问题：“如果让您综合以上各方面（生理健康、心理健康、社会关系和周围环境等方面）给自己的生存质量打一个总分，您打多少分?”（满分为 100 分）

表 2－1　WHOQOL－100 量表的结构

Ⅰ. 生理领域	Ⅳ. 社会关系领域
（1）疼痛与不适	（13）个人关系
（2）精力与疲倦	（14）所需社会支持的满足程度
（3）睡眠与休息	（15）性生活
Ⅱ. 心理领域	Ⅴ. 环境领域
（4）积极感受	（16）社会安全保障
（5）思想、学习、记忆和注意力	（17）住房环境
（6）自尊	（18）经济来源

（续上表）

（7）身材与相貌	（19）医疗服务与社会保障：获取途径与质量
（8）消极感受	（20）获取新信息、知识、技能的机会
Ⅲ. 独立性领域	（21）休闲娱乐活动的参与机会与参与程度
（9）行动能力	（22）环境条件（污染/噪声/交通/气候）
（10）日常生活能力	（23）交通条件
（11）对药物及医疗手段的依赖性	Ⅵ. 精神支柱/宗教/个人信仰
（12）工作能力	（24）精神支柱/宗教/个人信仰

2. 实施方法

（1）在评定前，向被试者说明测验的意义、作用和要求，让被试者了解测验并能认真合作地完成测验。把总的评分方法和要求向被试者讲清楚，对于阅读有困难的被试者，工作人员可逐项念给他们听，并以中性的不带任何暗示和偏向的方式把问题本身的意思告诉他们，让被试者做出独立的不受别人影响的自我评定。

（2）回答问题或填写表格时，每项问题后附有5级评分可供选择，被试者需根据自己最近两周内的感觉和体会选择相应的评分。

例如：您对自己的健康状况担心吗？

根本不担心｜ 很少担心｜ 担心（一般）｜ 比较担心｜ 极担心

1　　2　　3　　4　　5

被试者根据自己对健康状况担心的程度在最适合的数字处打"√"，例如，如果比较担心健康状况，就在比较担心"4"处打"√"；如果根本不担心自己的健康状况，就在根本不担心"1"处打"√"。

WHOQOL－100量表测定的是最近两周的生活质量的情况，评价但在实际工作中，根据工作的不同阶段的特殊性，量表可以考察不同长度的时间段的生活质量。如：评价慢性疾病像关节炎、腰背痛患者的生活质量，可调查近4周的情况，在接受化疗的病人的生活质量，主要根据所要达到疗效或产生的不良反应来考虑时间框架。

（3）评定结束后，工作人员应仔细检查自评表，如有遗漏或者重复评定的，应让被试者再考虑评定，以免影响分析的准确性。

3. WHOQOL－100中文版的信度、效度分析

1996年在广州、北京、上海、成都、沈阳、西安等地通过两阶段随机抽

样用 WHOQL－100 中文版调查了 1 654 名对象的生存质量，其中病人 877 名，正常人 777 名；男性 838 名，女性 816 名。

（1）信度。

以克朗巴赫 α 系数信度为指标，在量表的 6 个领域中，生理领域最低为 0.416 9，环境领域最高为 0.932 3；除独立性领域为 0.557 1 外，其他均高于 0.700 0。量表的 24 个生存质量方面为 0.903 4，其他方面均大于 0.650 0。可以认为，WHOQOL－100 量表中文版具有较好的信度。

（2）内容效度。

量表的各个领域及方面之间均存在一定的相关性，各方面与其所属领域之间的相关较强，而与其他领域的相关较弱。如 FACET 与 DOM1 的相关系数的绝对值均大于 0.800 0。可以认为，WHOQOL－100 量表中文版具有较好的内容效度。

（3）区分效度。

按照 WHO 研究组对 15 个国家和地区数据的做法，采用 *t* 检验考察各个领域和方面的得分来区分病人与正常人的能力，发现除心理领域、精神支柱/宗教/个人信仰领域外，其他领域得分病人和正常人的差别都有统计学意义（$P<0.05$）。在 24 个方面中，有 14 个方面能区分开病人和正常人（$P<0.05$），有 10 个方面则不能区分，它们是心理领域及其下属的 5 个方面，以及性生活、社会安全保障、获取新信息的机会、休闲娱乐活动的参与、交通条件、精神宗教信仰等方面。

（4）结构效度。

6 个领域对生活质量均有影响，验证性因子分析表明，结构方程模型拟合优度指数（CFI）大于 0.9 时，说明量表具有较好的结构效度。

（三）结果与分析

通过归类计算，得到 6 个领域、24 个方面的评价得分，各个领域和方面的得分均为正向得分，即得分越高，生活质量越好。

1. 方面计分

各个方面的得分是通过累加其下属的问题条目得到的。条目的计分根据其所属方面的正负方向而定。对于正向结构的方面，所有负向问题条目需反向计分。有 3 个反向结构的方面（疼痛与不适、消极感受、对药物及医疗手段的依赖性）不包含正向结构的问题条目。各附加的问题条目归于其所属的方面，且计分方向与该方向一致。

2. 领域计分

各领域的得分通过计算其下属方面得分的平均数得到。各附加的方面归属于相应的领域，且按正向计分。

3. 得分转换

各个领域及方面的得分均可转换成百分制，方法是：转换后得分 =（原来的得分 -4）×（100/16）.

4. 关于数据缺失

当一份问卷中有 20% 的数据缺失时，该问卷便作废。对于生理、心理和社会关系领域，如果有一方面的得分缺失，可以用其他方面得分的平均值代替。对于环境领域可以允许有两个方面的缺失，此时用其他方面得分的平均值代替缺失值。

（四）应用及现状

无论社会科学还是医学领域，目前的研究均已达到较高水平，应用甚广。检索 Medline 数据库，仅 2005—2010 年中，标题中有“quality of life”一词的文章就有 1 649 篇。世界卫生组织生存质量测定量表可以用于广阔的领域，在流行病学研究中，WHOQOL - 100 量表能够帮助获得特定人群详细的生存质量资料，以便人们了解疾病、发展治疗手段。WHOQOL - 100 之类的量表的使用，使得国际多中心的生存质量研究成为可能，并且能够对不同地区的研究结果进行比较。在临床实践中，WHOQOL - 100 对于规范生存质量测评在中医药研究中的应用、科学评价中医药的疗效具有重要意义。在社会服务和卫生服务效果的检测中也同样发挥重要作用。

（五）生存质量测定量表简表（WHOQOL - BREF）简介

虽然 WHOQOL - 100 能够详细地评估与生存质量有关的各个方面，但是有时量表显得较长。例如，在大型的流行病学研究中，生存质量是众多研究者感兴趣的量表之一。此时，如果量表比较简短、方便和准确，研究者更愿意把生存质量的测定纳入研究。基于此目的，世界卫生组织在 WHOQOL - 100 的基础上，制定了世界卫生组织生存质量测定量表简表（WHOQOL - BREF）。简表保留了量表的全面性，仅包含 26 个问题条目。简表各个领域的得分与 WHOQOL - 100 量表相应领域的得分具有较高的相关性，Pearson 相关系数最低为 0.89（社会关系领域），最高为 0.95（生理领域）。WHOQOL - BREF 在测量与生存质量有关的各个领域的得分水平上能够替代 WHOQOL - 100。它提供了一种方便、快捷的测定工具，但是它不能测定每个领域下各个方面的情况。因此，在选择量表时，需综合考虑量表的长短和详细与否。表 2 – 2 列出了 WHOQOL – BREF 量表的结构。

表 2 – 2 WHOQOL – BREF 量表的结构

Ⅰ．生理领域	Ⅲ．社会关系领域
（1）疼痛与不适	（14）个人关系
（2）精力与疲倦	（15）所需社会支持的满足程度
（3）睡眠与休息	（16）性生活
（4）行动能力	Ⅳ．环境领域
（5）日常生活能力	（17）社会安全保障
（6）对药物及医疗手段的依赖性	（18）住房环境
（7）工作能力	（19）经济来源
Ⅱ．心理领域	（20）医疗服务与社会保障：获取途径与质量
（8）积极感受	（21）获取新信息、知识、技能的机会
（9）思想、学习、记忆和注意力	（22）休闲娱乐活动的参与机会与参与程度
（10）自尊	（23）环境条件（污染/噪声/交通/气候）
（11）身材与相貌	（24）交通条件
（12）消极感受	总的健康状况与生存质量
（13）精神支柱	

第二章

认识监狱——当下的生存状态

第一节 认识犯罪

一、导入环节

操作建议

1. 当干预操作针对个别对象时，可将下述故事单独打印在一张白纸上，请其自主完成阅读。如因文化程度问题不能自主阅读，也可由咨询师代为阅读。

2. 当干预对象为多人时，可将下述故事做成PPT，供干预对象进行阅读。

案例：姐夫倒车撞死小舅子，亲戚也要判刑罚

2015年6月下旬，16岁的马某刚刚结束中考，在家闲着无事。马某的姐夫张某从事运输行业，经常开货车走南闯北，他跟马某说，既然在家闲着没事，不如跟他一起跑车，顺便可以去各个大城市逛逛。马某同意了，家人也表示赞同。

没想到的是，几天后意外就发生了。一天夜晚，张某到一家石材厂拉石材，由于光线较暗，张某便让马某到车后面看着点儿，协助其进行倒车。谁知在张某倒车过程中，没有把握好距离，不慎将马某挤到方形石柱上，当场致马某死亡。事后，张某懊悔不已，痛哭流涕。

法院认为，张某的行为已构成过失致人死亡罪，考虑到他认罪态度较好，并取得了马某家人的谅解，以过失致人死亡罪判处张某有期徒刑1年，缓期1年。

操作建议

1. 针对个别干预对象，下述思考问题最好由咨询师一个个单独提问，请干预对象进行回答。

2. 针对多名干预对象，可将下述思考问题做成一页新的PPT，每次呈现一个问题，请干预对象各抒己见。

讨论：

1. 在该案例中，张某应该被判刑吗？

2. 什么是犯罪？

3. 犯罪应该以什么标准来进行界定，以主观动机还是客观结果？

【解析】

在我们的理解当中，犯罪多是发生在陌生人之间的一种故意行为，比如抢劫、纵火等。但实际上，在很多时候，犯罪的含义却有很多与我们生活中的理解不同的地方。

在这个案例中，虽然张某并非故意，但其行为已经造成了严重的后果。在《中华人民共和国刑法》（以下简称《刑法》）第二百三十三条中这样规定过失致人死亡罪：指行为人因疏忽大意没有预见到或者已经预见到而轻信能够避免造成的他人死亡，剥夺他人生命权的行为。

导入这个案例的目的是让当事人能够切身认识到法律规定与世俗理解的不同。同时，进一步从此案例中明白界定犯罪的主要标准，区分犯罪未遂与犯罪中止。

二、知识呈现环节

（一）什么是犯罪

一般来说，犯罪多是刑事犯罪的简称，是指违反国家法律，给社会造成一定危害，并根据法律应当受到刑事处罚的行为。《刑法》除了在分则中对每一种具体的犯罪行为进行了规定之外，在总则中对犯罪的性质和特征还做了概括性的规定。根据刑法关于犯罪概念的规定，犯罪具有以下几个特征：

1. 具有社会危害性

即行为人通过作为或者不作为的行为对社会造成一定危害，这是构成犯罪最本质或最基本的特征。如果说一种行为对社会没有造成危害，或者说没有破坏正常的社会秩序和安定，也就没有必要通过法律予以制止或惩罚。根据《刑法》的规定，具有社会危害性的行为主要包括：危害国家主权、领土完整和安全的行为；分裂国家、颠覆人民民主专政的政权和推翻社会主义制度的行为；破坏社会秩序和经济秩序的行为；侵犯国有财产或者劳动群众集体所有财产的行为；侵犯公民私人所有财产的行为；侵犯公民的人身权利、民主权利和其他权利，以及其他危害社会的行为。这一规定要求，构成犯罪必须是具有危害社会的行为，没有危害社会的行为，不能认为是犯罪。

2. 具有刑事违法性

犯罪行为应当是《刑法》中禁止的行为。犯罪具有危害性，但危害社会的行为多种多样，不仅包括各种违法行为，而且包括违反社会道德、破坏纪律的行为。由于各种危害行为违反的社会规范不同、社会危害程度不同，因而不是所有危害社会的行为都是犯罪，只有其社会危害达到一定程度，需要采用刑罚手段予以制裁时，《刑法》才将其规定为犯罪。对于其他违法、违反道德或破坏纪律的行为，虽然也具有一定的社会危害性，但可以通过其他法律或社会行为规范予以调整、处理，这些行为就不属于《刑法》的制裁范围。

3. 具有应受刑罚惩罚性

犯罪是依照《刑法》规定应当受到刑罚处罚的行为。这一特征是由犯罪的社会危害性和刑事违法性延伸出来的法律后果，如果法律确定某种行为是犯罪，但不规定刑罚，这就失去了实际意义，不会产生社会效果。如前所述，违法的行为，不一定都构成犯罪，有的是通过其他法律予以调整的，只有依照《刑法》规定应当受刑事处罚的行为才是犯罪。《刑法》在规定某一种犯罪的同时，必然要规定相应的刑罚。所以，应受到刑罚的惩罚，是犯罪必不可少的特征。

以上是《刑法》对什么是犯罪所做的概括性规定。考虑到实践中各种情况的复杂性，法律不能规定得太绝对，因此《刑法》同时规定：情节显著轻微，危害不大的，不认为是犯罪。即行为人的行为虽然触犯了法律，但情节显著轻微，其社会危害尚未达到应当受刑罚处罚的程度，法律规定其不是犯罪。这一规定使《刑法》对于犯罪的界定更加全面、合理。《刑法》关于犯罪概念的规定，是区分罪与非罪的基本标准。

（二）什么是违法

违法是我们经常挂在嘴边，与犯罪放到一起的一个概念，往往说成是违法犯罪。但实际上，违法与犯罪有着鲜明的区别。违法，是法律行为的基本分类之一。它是指国家机关、企业事业组织、社会团体或公民，因违反法律的规定，致使法律所保护的社会关系和社会秩序受到破坏，依法应承担法律责任的行为。违法行为进一步可分为刑事违法、民事违法和行政违法。刑事违法即犯罪，它是指触犯刑事法规依法应受刑罚处罚的行为；民事违法是指违反民事法规（包括《民法》《劳动法》等法规）的行为，如没有正当理由而不履行民事义务或违反民事义务造成对方的某种损失等；行政违法是指违反行政管理法规的行为。具体来说，行政违法包括两种情况：一是公民和法人违反行政管理法规的行为；一是国家工作人员执行职务时的轻微违法行为或违反纪律的行为。民事违法和行政违法因其危害较小，通常称为一般违法。

（三）为什么犯罪需要惩罚

事事皆有因果，一个行为必然会造成一个结果，我们将这个称为因果律，这是我们对自己的行为进行控制与认识的一个重要法则。犯罪行为会造成惩罚，这个惩罚我们称为刑罚，刑罚又叫刑事处罚，是人民法院对犯罪分子实行惩罚的一种强制手段。

对犯罪行为进行惩罚，这就是所谓“刑罚目的”的概念，是指国家制定、适用、执行刑罚的目的，也即国家的刑事立法采用刑罚作为对付犯罪现象的强制措施及其具体适用和执行所预期实现的效果。对于刑罚的根本目的，当代刑法学泰斗马克昌认为：“我国指定、适用和执行刑罚的根本目的在于：保护广大公民的合法权益和社会秩序，保障中国特色的社会主义建设的顺利进行。”简单来说就是“预防犯罪，保卫社会”。

【解析】

在知识呈现环节，我们呈现了两个概念，回答了一个问题。违法、犯罪两个概念的呈现，目的在于使干预对象通过学习两个概念的区别与联系，了解违法犯罪行为与一般行为的区别，进一步认识违法犯罪行为所造成的破坏后果，导出如果破坏了社会共同遵守的秩序，将会受到相应的惩罚的结论。

关于惩罚的心理学含义，心理学家华生、斯金纳等用实验的方式，在微观层面解释了奖励和惩罚在强化和纠正人的特定行为方面所起的作用。他们认为：如果人们做出某种行为后得到奖励，人们以后就会倾向于做出更多类似的行为；如果人们在做出某种行为后受到了惩罚，人们就会倾向于回避这种行为。因而，惩罚是指当行为者在一定情景或刺激下产生某一行为后，若及时使之承受厌恶刺激（又叫惩罚物）或撤销正在享用的正强化物，那么其以后在类似情景或刺激下该行为的发生频率就会降低。心理学家雷德尔认为，惩罚是通过使人经受不愉快的体验，以影响其行为或发展的一种有计划的意图。美国学者威廉迪尔教授则明确把惩罚定义为：“根据一种不良行为的出现所施加的某种抑制性的刺激。”即惩罚是通过一定的外在的强制性力量对行为主体的活动动机施加影响，从而达到抑制、阻碍行为主体进行特定的不良行为的目的。

惩罚也可理解为心理治疗中的厌恶疗法，即是指对不希望出现的行为实施厌恶刺激，使这一行为与厌恶刺激之间形成条件反射，从而减少或消除这种不良行为的方法。

因此，对于犯罪行为实施惩罚教育，主要就是指同时施行一定的行为措施对行为人某种错误的行为给予否定的评价，通过行为人的内化，使行为人受到教育和警示，进一步抑制和消除其不良的思想行为。惩罚的终极目的在于通过行为的干预达到思想改造，由外在的规范约束内化为内心的良心与道德的自动约束。

三、体验环节

操作建议

1. 空椅子技术主要是针对个别干预对象，以咨询师、干预对象一对一的形式来进行。

2. 场地不限，但要求最好有一定的隐私性与保密性。

小活动：假如我是受害者

活动要求：

1. 安静的房间，内置两把椅子。
2. 由犯罪行为人分别坐在两把椅子上，扮演自己与犯罪受害者。
3. 两个角色进行对话，从而更加清楚地认识犯罪行为。

【解析】

在很多情况下，行为人对于犯罪多是从自己的角度来解释行为原因，认为自己当时处于那种情境有各种不得不犯罪的理由。但不可否认的是，行为人在犯罪的时候并没有将犯罪指向的对象作为一种平等的对象客体，往往将对象客体作为一种与自己完全不相同的客体，从而造成了行为与情感的分离。因此，犯罪行为发生时，行为人处于极度的精神狭窄状态之中。

从心理学角度来讲，使犯罪行为人将犯罪指向对象看成是与自己一样的有血有肉的人，这对于犯罪行为人的思想认识与行为改造将具有重大的意义。

因此，在体验环节，我们采用空椅子技术让行为人体验犯罪行为带给受害者的伤害。

空椅子技术是格式塔流派常用的一种技术，是使来访者的内射外显的方

式之一。这种技术常常运用两张椅子，要求来访者坐在其中一张空椅子上，扮演一个角色，然后再换坐到另一张椅子上，扮演另一个矛盾冲突角色，以此让来访者通过所扮演的角色持续进行对话。

通过这种方法，可使来访者充分地体验冲突，而由于来访者在角色扮演中能从不同的角度接纳和整合“胜利者”与“失败者”，因此冲突可得到解决。通过两部分的对话，使人们内在的对立与冲突获得较高层次的整合，即学会接纳这种对立的存在并使之并存，而不是要去消除一个人的某些人格特质。

操作建议

1. 在使用空椅子技术过程中，咨询师应该注意对干预对象进行引导，引导其在两个角色之间进行转换。

2. 咨询师的角色是及时的引导者，而不是评价者。因此，在空椅子技术中，要求咨询师敏锐地察觉角色转化的时机，从而能够让干预对象通过角色互换对自身的问题有一个崭新的理解。

四、提升环节

小活动：撰写《我的忏悔书》

书写要求：

1. 要求对自己犯罪行为的后果或者对犯罪受害人的伤害进行详细书写。
2. 分析自己成长过程中对自己犯罪行为产生影响的因素。

操作建议

1. 通过上述三个内容的干预，使干预对象能够从不同的角度对自己的问题有一个新的思考。为了将这种思考与体验进行巩固，我们特别设计了写作任务。

2. 在该任务中，应注意引导干预对象对自己的犯罪原因进行分析。同时，应该注意的是，虽然过去是没法改变的，但是我们可以通过空椅子、想象等方法来进行有效的心理干预。

【解析】

每一个人都是他过去的综合在现在的体现。所以，要理解一个人现在的行为，就要向过去寻求答案。按照弗洛伊德精神分析理论，一个人的童年经历最终塑造了其成年的人格行为特点。因此，在提升环节，主要通过忏悔书的写作，让犯罪行为人意识到自己成长过程中的各种影响因素，并进一步反思这种影响因素对自己的影响，从而改进将来对下一代的教育。

第二节 认识监狱

一、导入环节

歌曲：《铁窗泪》

原唱：翟惠民 张秀艳

独白：迟志强

发行时间：1988 年

歌词：

1. 独白：人生最大的悲剧莫过于失去自由，人生最大的痛苦莫过于失去亲人和朋友。我没有响亮的嗓音，也不具有动人的歌喉，但我有一颗诚挚的心。在这美好的夜晚，我要介绍这首我心中的歌，奉献给我的亲人和朋友。我曾站在铁窗前，遥望星光闪闪，那闪闪的星光，就像妈妈的眼睛一样，让我低下头来，悔恨难当。

2. 演唱：

铁门啊铁窗啊铁锁链
手扶着铁窗我望外边
外边的生活是多么美好啊
何日重返我的家园
条条锁链锁住了我
朋友啊听我唱支歌
歌声有悔也有恨啊
伴随着歌声一起飞
月儿啊弯弯照我心
儿在牢中想母亲
悔恨未听娘的话呀
而今我成了狱中人
月儿啊弯弯照娘心
儿在牢中细思寻
不要只是悔和恨
洗心革面重做人
慈母啊眼中泪水流
儿为娘亲添忧愁
如果有那回头日
甘洒热血报春秋
妈妈呀儿给娘磕个头
月儿啊圆圆照我心
我在狱中想伊人
不知你是否相信我呀
脱胎换骨变新人
月儿啊圆圆照我心
盼望你早出监狱的大门
浪子回头金不换
我等你回来不变心

3. 独白：假如明天来临，假如能得到母亲的原谅，我将插上新生的翅膀，在蓝天白云下展翅高飞，自由地翱翔。假如明天来临，假如能得到朋友的理解，我将荡起生活的双桨，回到母亲河长江的怀抱。

操作建议

1. 如果可以的话，可以教唱这首歌曲。
2. 在唱歌的过程中，注意引导干预对象的情绪。

讨论：

1. 请找出监狱的常见符号。
2. 请讲一讲这些监狱符号带给你的感觉。

【解析】

监狱，在很多人印象中是一个恐怖的存在，谈监狱色变。一旦进入监狱，刑期还未开始，他们已经从身心上垮了下来，这是由于他们对监狱的认知影响了他们的心理、生理状态。在心理学中有这样一个经典的故事：

一名司机正在一台大型冷藏车中做清洁，突然一阵大风，把这台冷藏车的车门关死了。冷藏车是运输冷冻食品的，里面没有打开车门的机关。那个时候还没有手机，这家物流公司的工作人员又极少，所以当天没有人知道他被关到了冷藏车里。等到第二天要启用这台车装货的时候，其他工作人员打开车门，发现这车里冻死了一个人，死者全身僵硬冰冷地躺在车子的地板上，脸上完全是被冻死时的表情。人们在车子的地板上，发现了这个人歪歪扭扭地写着三行遗言：

寒冷已经冻僵了我的双腿。

寒冷已经侵袭了我的腹部。

寒冷即将凝固我的心脏，亲人们，朋友们，永别了！

这显然是描述他在低温的冷藏车里，被冻死的全过程。

可是当大家冷静下来以后，惊讶地发现，这台冷藏车是靠蓄电池来供电的，冷冻机根本就没有启动。而当天夜间的最低温度在 15 摄氏度，这个温度是冻不死人的。那么，他是怎么死的呢？原来，当车门被关上之后，该司机在黑暗之中完全乱了方寸，极度的恐惧和焦虑，使他忘记了去思考冷冻设备是不是在运转，就这样自己把自己活活吓死了。

所以，对我们来说，真正重要的不是面对什么，而是怎么看待我们所面对的事情。进入了监狱并不等于走上了人生的末路，关键在于你怎么看待监狱，这决定你的监狱生活是消极还是积极。

二、知识呈现环节

监狱的概念：监狱是对被判处死刑缓期两年执行、无期徒刑、有期徒刑的罪犯执行刑罚、实施惩罚与改造的国家刑罚执行机关。

监狱的特征：阶级性、惩罚性、封闭性。

监狱的性质：①监狱是国家的刑罚执行机关；②监狱是人民民主专政的机关。

监狱的任务：①执行刑罚；②惩罚和改造罪犯；③预防和减少犯罪。

监狱的管理体制的概念：监狱的管理体制是指在监狱工作中实行的关于监狱的管理组织层级及其管理权限划分和监狱机构设置的组织管理制度。

监狱管理体制：集中统一领导与分级管理相结合。

监狱的管理机关：国务院司法行政部门即中华人民共和国司法部、监狱管理局、监狱管理分局。

监狱的分类：

（1）重刑犯监狱（重刑犯：被判处死刑缓期两年执行、无期徒刑、10 年以上有期徒刑）。

（2）中刑犯监狱（中刑犯：被判处 5 ~ 10 年有期徒刑）。

（3）轻刑犯监狱（轻刑犯：5 年以下有期徒刑）。

（4）女子监狱。

（5）短刑犯监狱。

（6）未成年犯管教所（未成年犯：已满 14 周岁不满 18 周岁，以教育改造为主，以学习文化和生产技能为主，实行 9 年义务教育）。

【解析】

在知识呈现环节，我们主要介绍了监狱的相关概念。通过概念的介绍，能够初步形成对监狱的正确认识，以此为基础，进一步认识监狱存在的必要性。

它的存在意义有如下几点：

第一，惩罚作用。

监狱具有惩罚功能。每个人都要对自己的行为负责，所以，一旦你做出了犯罪行为，就必须要接受惩罚，而惩罚的实施机关就是监狱。在狱中，没有了自由，想见父母亲人，却又见不到，也不知道下雨了，老母亲的关节炎是不是又犯了，老父亲是不是烟瘾又大了，咳嗽又重了；也没有办法陪着孩子长大，不知道他在学校学习怎么样，会不会因为有你这样的父亲（母亲）而自感惭愧，会不会被同学们嘲笑，你鞭长莫及，只能夜夜看着月光辗转反侧，难以入眠，偷偷地抹把眼泪。

除了身的自由，监狱同时也禁锢了心的自由。有人会问，怎么会禁锢心的自由呢，我们不是还有想象吗，我们不是可以在脑海里绘制我们的宏图大业吗？没错，你可以想象。但是，想象离不开知识经验，没有了知识经验的想象就纯粹是瞎想。

另外，知识经验的积累要靠融入社会或者是阅读书籍。监狱，切断了你和社会的联系，就好像绑住了你的左手。同时，它也限制了你看书、看报纸的自由，监狱这地方，不是你想看就能看的，所以，它把你的右手也绑住了。于是，你要吃饭或者拿些什么东西是不是就会明显困难很多？

第二，维持秩序的作用。

秩序，意思是有条理、有组织地安排各构成部分以求达到正常的运转或良好的外观状态。这样解释“秩序”看起来似乎有点模糊不清，下面我们举个例子。

大家都知道，有什么不会的就问百度，你总会收获答案的。这都得益于电脑系统的正常运行。一旦电脑系统乱了“秩序”，比如系统瘫痪了，别说你想查到些什么，就连打开电脑都不行。所以说，“秩序”能够保证有条不紊的工作。电脑一个小小的物品都需要秩序，我们偌大的社会更离不开秩序。想象一下，一旦没有了秩序，本来是单向的车道你却开了反向，必然会造成拥堵；本来是红灯停、绿灯行保证交通的有条不紊，一旦没有了秩序，红灯不停也照样走，交通瘫痪不说，还会造成许多交通事故。所以，秩序是需要的，尤其对我们一个拥有超13亿人口的大国来说更需要秩序。

而监狱之所以有维持秩序的作用，是因为它减少了破坏，从而降低了破坏造成秩序紊乱的概率。

第三，警醒作用。

人们犯罪就会被送进监狱，失去自由，想任性地吃想吃的东西都不行，还要天天去劳动改造。出于对监狱的惧怕，很多人努力约束自己，不做半点犯罪之事。

监狱的设立，一方面对没有犯罪行为的人起到警示作用，另一方面又给犯人学习遵守秩序、减少破坏的机会。但出于对监狱的畏惧，犯人会产生抵触心理，应引导犯人认识到，他们要想生活得有意义，就必须要对监狱有个正确的认识。

三、体验环节

小活动：齐眉棍

活动要求：

（1）首先以个人为单位，要求个体将双手食指伸出，抬高至自己的眉心位置。

（2）将轻质塑料棍放在每个人的双手食指上，要求个体将轻质塑料棍水平地往下移动至膝盖位置。

（3）将个人组合成小组，每组成员站成两列或一列，将轻质塑料棍放在每个人的双手上，同时小组成员均将双手食指伸出，放在自己眉心位置。

（4）保证每个人的手都在轻质塑料棍上，同时将轻质塑料棍水平地往下移动。

注意事项：

（1）项目进行中，每个成员的食指不得离开齐眉棍，一旦有成员的手离开齐眉棍或齐眉棍没有水平往下移动，任务就算失败。

（2）齐眉棍必须完全水平地向下移动。

（3）团队成员必须全部参加，教练需严格监督，同时引导大家在活动过程中思考和调整方法。

操作建议

主持在对干预对象进行分析时，应该注意结合干预对象的实际情况，将下述内容进行进一步的整理。

【解析】

该团体拓展游戏设计的目的，在于通过具体活动让团队成员体验自己与他人的关系，认识到自己并不能单独脱离集体而存在，从而进一步转化自我认识的角度，反思个人自由与他人的关系。同时，对监狱干警来说，该团体拓展游戏也能促进干警反思对服刑人员教育管理的理念与方式。

在进行该团体拓展游戏时，应注意以下几点：

游戏看似很简单，但要成功完成却非常不容易。一个人去完成这个任务，或许是相当简单的一件事情，但是，如果由几个人同时去做就不容易完成了，因为几个人之间将形成许多的相互关系，会影响整体的行动。

在活动中，一旦遇到困难或出现了问题，很多人马上会找到别人的不足，对别人进行指责、抱怨，却很少从自身角度来分析问题。

很多时候，我们总是以为自由就是自己为所欲为，做自己想做的事情，只要给我机会，我就能一个人将事情做好。但在现实中，我们却无时无刻不处于与其他人的合作中。如我们每天吃的米，不是我们自己种的；我们穿的衣，不是我们自己裁的；每天住的房，也不是我们自己盖的。在哲学上，马克思讲过，人是社会关系的总和。所以，在生活中，我们离不开别人。因此，真正的自由，绝对不是我们想怎样就怎样，而是我们要作为社会的一颗螺丝，在该起作用的地方起作用。

同时，在该游戏中，大家可能都会对导致任务失败的人出言指责，可是，假如在游戏中，我们采取的是奖励的手段，而不是处罚的措施，那结果又将是什么样呢？我相信，大家主动完成任务的激情会高涨，虽然可能会有失败的情况出现，但在经过两三次磨合之后，大家肯定能毫无偏差地将塑料棍移到膝盖的位置。同样，在生活中，我们怎么就不能多用一些奖励措施，少用一些指责、谩骂、惩罚的措施呢？我们知道，人都有趋利避害的习性。没有人不喜欢微笑，没有人不喜欢得到鼓励、赞赏，当然，也没有人喜欢面对恶毒的面孔，喜欢被训斥，喜欢被处罚。作为管理者，将别人盯得死死的，想尽各种办法来制约他人，他们扮演的角色除了是一个监督者、执法者之外，其他什么都不是。长此下去，不管是自己还是别人的主动性和积极性都将受到严重的制约。相反，如果我们换一种方式，变处罚为奖励，以奖励先进者来激励后进者，奖励勤奋者来鞭策懒惰者，那么，势必能形成后进赶先进，大家共同进步的良好局面，从而在无形中促进整个团体的发展和进步。

四、提升环节

创作：《心中的自由》

创作要求：

（1）创作形式多样化，可以是绘画、手工、音乐等。

（2）以书面的形式分享作品背后的含义。

【解析】

一个人最大的自由，不是为所欲为。真正限制我们的，不是我们的身体，而是我们的思想。所以，心有多大，梦想就有多大。

第三节　认识劳动改造

一、导入环节

故事：《人生的不断重复》

故事发生在大西北一个很偏僻的地方。有一天，一个记者遇到了一个放羊娃。

记者问放羊娃：干吗呢？放羊娃答：放羊。

问：放羊干吗？答：放羊赚钱。

问：赚钱干吗？答：赚钱盖房。

问：盖房干吗？答：盖房娶妻。

问：娶妻干吗？答：娶妻生娃。

问：生娃干吗？答：生娃放羊。

请讨论：

1. 在该故事中，你读出了什么不一样的故事？

2. 结合自己的经历，你认为你的生活是在重复吗？

3. 如何理解生活的意义？

【解析】

我是谁？我从哪里来？我到哪里去？这三个问题被称为人生终极三问。对大多数人来说，在某个时间段或多或少都曾经遭遇过这些问题。但很不幸，很多人对这些问题却没有深入地思考，并得到属于自己的答案。

究竟我们应该怎样看待人生？是不是就如同故事中的主人公一样，不断地在重复？也许有人说，他不是这样的。其实，这个故事不只在偏远的乡村发生，它也在繁华的城市中不断地被演绎："你为什么要考大学？""为了找个好工作。""为什么要找好工作？""赚钱。""赚钱干什么？""成家。""成家干什么？""生子。""生子干什么？""考大学。"

所以，要想活得明白，就不应该这样浑浑噩噩，而应该将我们的日常生活赋予独特的意义，认识到它的价值。只有明白了这些，才能够真正地认识到究竟我们为什么而活，怎样才能活得有意义。

这个故事，目的是希望让当事人理解人生的价值，从而能够从平淡的生活中悟出不一样的感受与意义。

二、知识呈现环节

（一）什么是劳动改造

劳动改造简称劳改，是中华人民共和国管理罪犯的一种手段，经常出现在监狱里的标语和口号中，通过对入狱者强制性的劳动，来达到管理者认可的目的。

国内外常将劳改与劳教混淆，中国官方也笼统地将其合称为"二劳"，但二者是完全不同的，后者是一种行政处罚制度。从法律上讲，劳动教养并非《刑法》规定的刑罚，而是法律及行政法规规定的一种行政处罚，公安机关无须经法院审讯定罪，即可将疑犯投入劳教场所，实行最高期限为四年的限制人身自由、强迫劳动、思想教育等处罚。2013 年，十八届三中全会《中共中央关于全面深化改革若干重大问题的决定》（简称《决定》）全文发布，提出废止劳动教养制度，这促进了中国法律体制的发展和完善。2013 年 12 月 28 日闭幕的全国人大常委会正式通过了《关于废止有关劳动教养法律规定的决定》，这意味着已实施 50 多年的劳教制度被依法废止。

劳动改造与劳动教养二者的区别如下：

（1）性质不同：劳改是刑罚执行措施；劳教是行政强制措施。

（2）适用对象不同：劳改对象是违反《刑法》的罪犯；劳教对象是违法但尚不够刑罚处罚的人员。

（3）适用程序不同：劳改须法院判决；劳教由公安部门决定。

（4）执行场所不同：劳改场所包括拘役所、看守所、监狱等；劳教场所主要是劳教所。

（5）适用期限不同：劳改期限由 1 个月至终身监禁；劳教期限由 1 至

4 年。

（6）法律后果不同：劳改对象再犯罪或成“累犯”；劳教对象再犯罪不构成“累犯”。

（二）劳动改造的作用

组织罪犯劳动是实现监狱宗旨的重要途径，同时也是基本手段，具有不可替代的地位，是罪犯改造工作基本内容的主要方面之一。它与监管改造和教育改造合称为“监狱三大改造”，同时它也为监管改造和教育改造提供了一个改造中介和物质保障。劳动改造是将罪犯置身于特定的生产关系之下，让他们在劳动实践中感受和体验人生价值、社会价值和法律规范，逐步形成属于自己的正确的人生观、价值观、道德观和世界观。

对罪犯进行的劳动改造可达到到两种效果：一是罪犯通过劳动改造，自身素质和思想意识有了进一步的提高；二是罪犯通过上劳动，创造出了一定数量的具有社会价值的产品，带来了相当一部分的经济效益。

（三）劳动的意义

劳动不仅创造了人类本身，而且是人类最基本的实践活动。马克思曾指出：“劳动是一切社会病毒的伟大消毒剂。”劳动可以磨炼罪犯的意志，培养其社会化人格，可以使罪犯在劳动过程中充分体验到人生价值所在。它能使罪犯根除那些好逸恶劳、不劳而获、贪图享乐的思想。同时罪犯可以通过劳动活动接受社会信息，不断更新观念，调整自己的劳动方式，保持与社会的联系，与社会同步发展，最终提高其改造质量。

1. 劳动改造是罪犯获得正确认识的有效途径

“对罪犯的改造过程，实质上又是矫正罪犯头脑中对客观世界认识的过程，而正确的认识只能来源于实践。”劳动可以使罪犯学到一些做人的道理，掌握一定的谋生手段和提高回归社会后的就业能力。

2. 劳动改造是矫正物欲型罪犯的有效途径

物欲型罪犯主要是指因从事盗窃、诈骗、赌博等违法行为而被判刑的犯罪者。这些罪犯的主体特征是：一味追求生活享乐，物质欲望强烈，劳动时偷懒使滑，出工不力；具有明显的功利性和投机性，为了满足私欲，达到“舒服改造、提前出狱”的目的，千方百计投干部所好，腐蚀、贿赂、拉拢管教干部；浪荡散漫、不守法纪，缺乏遵纪守法意识，不愿受严格的纪律和制度约束；自食其力的责任感淡薄，缺乏内心深处进行反省的自觉性，重新犯罪的可能性很大。因而在他们非法侵吞财物（如抢劫、诈骗、盗窃、贪污受赃等非法所得财物）时，绝不会想到这些金钱物品乃是他人辛苦劳动的汗水结晶。因而对这类罪犯进行改造时，首先要强制他们劳动。让他们的劳动和物质生活相结合，用他们的部分劳动支付自己服刑的生活费用，剩下的劳动所得作为惩罚自己犯罪恶习的补偿。反过来讲，如果对这些罪犯仅仅进行单一说教，让他们坐享其成，则很难转化他们的犯罪思想，也很难矫正他们服刑前的犯罪恶习。

3. *劳动改造是培养罪犯劳动技能的有效途径*

部分罪犯走上违法犯罪的道路，原因之一是他们没有一技之长，不能自食其力，从而不择手段地去谋取钱财，以满足自己的私欲。马克思认为，劳动实践是劳动技能的养成之源，同时推动劳动技能向前发展。要想把劳动改造人员改造成社会主义现代化建设的有用之材，必须让罪犯在劳动改造中自我学习，获取生产经验，最终具有一技之长。

4. *劳动有利于罪犯的身心健康*

如果长期对罪犯进行关押，他们往往会产生孤独、寂寞、苦闷，甚至精神崩溃现象。罪犯通过参加劳动，特别是参加集体合作劳动，很容易克服以上心理问题，在精神上感觉充实，从而体会到与人正常接触、交流、合作愉快的感受。当罪犯彻底感受到劳动改造的重要性时，他们就会努力钻研劳动技能，形成良性循环。同时劳动也有利于罪犯的身体健康。罪犯在进行生产劳动时，往往消耗大量的体力和汗水，这可以促进自身的血液循环，有利于全身各部分肌肉的生长，保障各种器官正常运行，以便拥有健康的体魄。

5. *劳动改造有利于罪犯群体内部的安定团结*

作为一种特殊群体，罪犯中大多数生性争强好斗，如果让他们整天无所事事，为了彰显个性、标新立异，他们往往会发生寻衅滋事、惹是生非事件。这样既不利于罪犯自身的管理，也不利于罪犯自身的改造。罪犯通过劳动改造，不但能提高思想觉悟，而且绝大部分时间将有事可做，这在客观上减少了他们惹是生非的几率，在一定程度上促进了罪犯内部的安定团结，给监管安全提供保障。

【解析】

在知识呈现环节，我们通过呈现劳动改造的主要概念，引导个体对劳动改造形成正确的认识，并进一步意识到劳动改造的必要性，从而在观念上接受劳动改造，并投入到劳动改造之中，正确认知劳动改造的意义。

三、体验环节

小活动：从枯燥无味的纯劳动到目标性劳动的转变

活动要求：

（1）安静的房间，在每人面前摆一个矿泉水瓶和瓶盖。

（2）要求每个人将瓶盖拧到水瓶上。然后数到5，将瓶盖拧下来。再数到5，将瓶盖拧到水瓶上。

（3）重复这个过程5分钟。

（4）要求个体分享这5分钟小工作的感受。

（5）引导个体发现这个简单工作的意义，引出被动劳动与主动劳动的区别，即从枯燥无味的纯劳动到目标性劳动的转变。

【解析】

对个体的引导，可以三个工人砌墙的故事来开头。

有人过来问："你们在干什么？"第一个人没好气地说："没看见吗？砌墙。"第二个人抬头笑了笑说："我们在盖一幢高楼。"第三个人边干边哼着歌曲，他的笑容很灿烂："我们正在建设一个新城市。"十年后，第一个人在另一个工地上砌墙；第二个人坐在办公室中画图纸，他成了工程师；第三个人，则是前两个人的老板。

三个人的工作起点并没有差别，都是在砌墙，但十年后，为什么差别如此之大呢？单就这故事本身而言，可以说是干活时的眼界和心态决定了他们不同的成就。而且正是因为他们的眼界不同，干活时的心态也不相同。第一个人看到的只是砌墙，所以他为成天砌墙而感到厌倦，工作起来怨气十足，在这日复一日的单调工作中，哪还有一点创造的激情与乐趣可言呢？正是因为看不到自己工作的前景，他工作起来也就近乎应付了，哪谈得上有什么进步。所以十年后，他仍在原地踏步地做着砌墙的工作。而后两人，尤其是第三个人，心中怀着远大的目标，他看到的是一个新城市，于是他的工作状态便更积极，并在工作中体会到创造的快乐，正是这种积极的精神状态促使他的工作更加出色。

2008年12月27日7时30分左右，湖南省长沙市上海城二期住宅工程19栋工地发生一起施工升降机坠落事故，造成18人死亡、1人受伤。原因是：安装施工电梯立柱标准节加节后的四个螺栓竟然有三个没拧紧，导致发生重大事故。

所以，把简单的事情做好，这本身就不简单。

四、提升环节

小活动：朗诵《劳动宣言》

我要全力以赴地做好我的工作！

敬业是我人生价值的体现，忠诚是我品格的证明，勤奋是我生命的商标。

任何时候，我都不能鄙视我的工作，那样如同鄙视我自己一样。尊重自己，尊重工作才能出色完成工作。

工作就是我的生命，它决定我的名声，决定我的未来；

工作就是我的生命，它控制我的心情，控制我的快乐；

工作就是我的生命，它提升我的品格，提升我的价值。

每一天，我都要尽职尽责，让平庸的工作增添我个人的荣耀，每一天我都要勤奋刻苦，勤奋是成功的试金石，刻苦是幸福的磨刀石，我要让每一天都成为我人生的代表作。

工作对我来说，再也不是一种奴役，一种负担，而是一种享受，一餐盛宴。我要把我的爱倾注到工作当中，我要不断地培养良好的工作习惯，每一天面对工作时都有条不紊。只要我想法正确，任何工作都不那么讨厌，只要我认真努力，任何时候都可以做得十分出色。

工作！工作！工作！

【解析】

要改造一个人的思维，首先就要改造一个人的语言。因为，我们的思维就是以语言为基本的素材，语言是思维的直接体现。在本环节中，我们通过设计朗诵小活动，希望能够让个体在语言层面认识劳动的意义，通过语言的不断重复来强化劳动思维，进一步巩固个体对劳动光荣的认知。

因此，这个朗诵环节需要一定的时间来完成的，如一周朗诵三次，坚持一个月。

第四章

选择的意义——生活的AB面

第一节 没有一种给予是理所当然的

一、导入环节

操作建议

1. 当干预操作针对个别对象时，可将下述故事单独打印在一张白纸上，请其自主完成阅读。如因文化程度问题不能自主阅读，也可由咨询师代为阅读。

2. 当干预对象为多人时，可将下述故事做成PPT。

感恩的故事

一天中午，一个捡破烂的妇女，把捡来的破烂物品送到废品收购站卖掉后，骑着三轮车往回走，经过一条无人小巷时，突然窜出一个歹徒，他用刀抵住妇女的胸部，命令妇女将身上的钱全部交出来。妇女吓傻了，站在那儿一动不动。歹徒便开始搜身，他从妇女的衣袋里搜出一个塑料袋，塑料袋里包着一沓钞票。歹徒拿着那沓钞票，转身就走。这时，那位妇女反应过来，立即扑上前去，劈手夺下了塑料袋。歹徒用刀对着妇女，作势要捅她，威胁她放手。妇女却用双手紧紧地攥住盛钱的袋子，死活不松手。妇女一面死死地护住袋子，一面拼命呼救，呼救声惊动了小巷子里的居民，人们闻声赶来，合力逮住了歹徒。众人押着歹徒、搀着妇女走进了附近的派出所，一位民警接待了他们。审讯时，歹徒对抢劫一事供认不讳。而那位妇女站在那儿直打哆嗦，脸上冷汗直冒。民警安慰她："你不必害怕。"妇女回答说："我好疼，我的手指被他掰断了。"说着抬起右手，人们这才发现，她右手的食指软绵绵地耷拉着。宁可手指被掰断也不放开钱袋子，可见那钱袋的数目和分量。民警打开那包着钞票的塑料袋，那袋子里总共只有8块5毛钱，全是一毛和两毛的零钞，顿时，在场的人都惊呆了。为8块5毛钱，一个断了手指，一个沦为罪犯，真是太不值得了。一时间，小城哗然。

民警迷惘了：是什么力量在支撑着这位妇女，使她能在折断手指的剧痛中仍不放弃这区区的 8 块 5 毛钱呢？他决定探个究竟。将妇女送进医院治疗以后，他就守在附近，希望找到问题的答案。令人惊讶的是，妇女治疗后走出医院大门，就在一个水果摊儿上挑起了水果，而且挑得极其认真。她用 8 块 5 毛钱买了一个梨子、一个苹果、一个橘子、一个香蕉、一节甘蔗、一枚草莓，凡是水果摊儿上有的水果，她每样都挑一个，直到将 8 块 5 毛钱花得一分不剩。民警吃惊地张大了嘴巴。难道不惜牺牲一根手指才保住的 8 块 5 毛钱，竟是为了买一点水果尝尝？

妇女提了一袋子水果，径直出了城，来到郊外的公墓。民警发现，妇女走到一个僻静处，那里有一座新墓。妇女在新墓前伫立良久，脸上似乎有笑意，她将袋子放在墓碑前，喃喃自语："儿啊，妈妈对不起你。妈没本事，没办法治好你的病，让你刚 13 岁就离开了人世。还记得吗？你临走的时候，妈问你最大的心愿是什么，你说，你从来没吃过完好的水果，要是能吃一个好水果该多好呀。妈愧对你呀，竟连你最后的愿望都不能满足，为了给你治病，家里已经连买一个水果的钱都没有了。可是，孩子，到昨天，妈妈终于将为你治病借下的债都还清了。妈今天又挣了 8 块 5 毛钱，孩子，妈可以买到水果了，你看，有橘子、有梨、有苹果，还有香蕉……都是好的。都是妈花钱给你买的完好的水果，一点都没烂，妈一个一个仔细挑过的，你吃吧，孩子，你尝尝吧……"

操作建议

1. 针对个别干预对象，下述思考问题最好由咨询师一个个单独提问，请干预对象进行回答。

2. 针对多名干预对象，可将下述思考问题做成一页新的 PPT，每次呈现一个问题，请干预对象各抒己见。

读完上述故事，请你思考：

1. 你怎么看待故事中的这位母亲？
2. 你的父母对你好吗？
3. 父母为什么要对我们好？
4. 你感恩过你的父母吗？

【解析】

操作建议

1. 针对个别干预对象，在解析时，应根据干预对象自身的实际问题，结合下述解析内容，使用自己的语言，进行有针对性的解析。

2. 此故事的使用目的，在于使干预对象意识到父母生下我们本身就是一种给予，如果再能养育我们，哪怕养育的方式不够完美，这也是一种爱的体现。

在读完上面的故事之后，很多人会被故事中的母亲所感动。感到母亲是天底下最伟大的人，进一步联系自身，想到自己的父母。想到自己的母亲含辛茹苦地将自己养大，自己长大了，父母却老去了，而自己竟还没有尽孝，于是心中生出一种悲凉感。这种悲凉感正是一种改变的动力，积极引导认识这种悲凉感，更能够让罪犯好好改造，从而不辜负父母、家人的养育之恩。

操作建议

如果干预对象能够对父母的养育之恩感同身受，直接跳到第 3 点。

但也有一些人读完之后，觉得父母并没有为他们做过什么，就是把他们生下来而已，对于父母他们一点都不感激。未经自己的同意，父母便将我们生了出来。一些人便以这个借口对父母指责，是父母要生我的，不是我要出生的，所以父母要为我负责。可是真的是父母亏欠我们吗？我们的出生是人类繁衍的过程。在这个过程中，生命不断地延续。包括人，所有的动物都是如此。从来就没有动物因为自己的出生去指责父母的。那为什么一些人却因为自己的出生去指责父母呢？关键在于这些人总是理所当然地认为生我就要养我，如果不养我为什么要生我？

但事实真的是这样么？我们再来看一个故事。

一个很热的夏天，一队人出去漂流。

女孩在玩水的时候拖鞋掉下去了，漂走了。

到岸边的时候，全是晒得很烫的鹅卵石，他们要走很长的一段路。

于是，女孩就向别人寻求帮忙，可是谁都没有多余的拖鞋。

女孩心里很不舒服，因为她习惯了向别人求助，而只要撒娇就会得到满意的答复。

可是这次却没有。她忽然觉得这些人都不好，有难不帮，冷漠自私。

后来，有一个男孩将自己的拖鞋给了她，然后自己赤脚在那晒得滚烫的鹅卵石上走了很久的路，还自嘲说是铁板烧。

女孩表示感谢，男孩说："你要记住，没有谁是必须要帮你的。帮你是出于交情，不帮你是应该。"女孩记住了男孩的话，自此以后学会了对施以援手的人铭记在心，并给以更大的回报。

我们的出生，本身就已经是父母带给我们的最大的礼物。如果我们的父母够好，在出生之后还养育了我们，那我们就真的是太幸运了。但如果父母没有养育我们，那我们也不应该怨恨他们，因为他们毕竟赋予了我们最宝贵的生命。

很多时候，我们总是希望得到别人的好。一开始，可能会心存感激。可是久了，便成了一种习惯，认为这是理所应当的。有一天他（她）不对你好了，你产生了怨恨。其实，不是别人不好了，而是我们的要求变多了。习惯了得到，便忘记了感恩。

二、知识呈现环节

（一）为什么要进行感恩教育

在劳动改造中，不少服刑人员的不良思想意识根深蒂固，缺失感恩之心，主要表现在以下几个方面：

一是身份意识淡化，服刑意识缺失。尤其是一些"多进宫"服刑人员，他们对国家法律缺乏敬畏感，对自身是罪犯似乎已经习以为常，毫无羞耻感，把服刑当成了"度假"。他们既不关心国事，也不关心家事，内心只有自己，将监狱生活看作混刑度日。

二是悔罪意识减弱，责任意识缺失。有些服刑人员对自身违法犯罪毫无罪恶感、悔恨感，他们不把犯罪的原因归于自己主观原因，而是归于家庭、归于社会，对于自身所犯罪孽给家庭、社会带来的不幸无动于衷，人格冷漠，毫无怜悯之心、忏悔之意、赎罪之行，全然一个“冷血动物”。

三是改造意识淡薄，有偿改造心理突出。不少服刑人员做事常常以是否合算来衡量自己改造的投入，主动改造意识严重缺失。做什么事都围绕着“分”转，只要能加分的事就做，不加分的事就躲。他们的“积极”表现只是为了换取嘉奖、表扬，成为改造积极分子，最终达到减刑之目的，他们把改造变成了一种投机行为。不少民警为挽救服刑人员，对他们的教育可谓煞费苦心，但结果常常都是收效甚微。只要不给加分，再多的“口水”也只能付诸东流，服刑人员自始至终毫无感激之意、感恩之情。

四是一些获得减刑、假释或其他行政奖励的服刑人员，总认为成绩的取得全是自己努力的结果，对教育帮助过他的民警、其他服刑人员丝毫不放在心上。

感恩是做人的起码标准，而“忘恩负义”是违背道德的可耻行为。感恩意识的缺失，其影响不容低估，其危害更会导致服刑人员的自私、冷漠，从而带来一系列更难处理的问题。

操作建议

上述部分主要的作用是引导咨询师认识到感恩教育的必要性。

（二）感恩教育的形式

空洞的说教无济于事，填鸭式的灌输收效甚微，只有触及罪犯心灵深处的教育才能引起受教育者的共鸣。感恩教育，就是要想方设法地引导服刑人员去共鸣、去体验、去反思，才能使服刑人员真正从心灵深处去忏悔，学会用心去感悟人生。因此，感恩教育的一切形式都应该以体验、反思作为主要立足点，具体的形式如下：

第一，可挑选具有代表性的罪犯家庭遭遇制作成专题片，适时组织罪犯观看，这样可直观形象地鞭策罪犯心灵，唤起他们的良知，使罪犯在强烈的震撼下产生愧疚之心、忏悔之情。

第二，可组织开展专题讨论会、感恩演讲比赛、征文比赛等多种活动，使服刑人员在参与活动的过程中得到良好的教育，促其内心共鸣，深刻反省罪责。

第三，亲情的力量是无限的，可利用家庭的归属感实施教育。有时亲人的一句话语、一声问候、一张笑脸、一个期盼，可能胜过千言万语的说教。对此，可主动邀请服刑人员亲属来监与其谈心，让服刑人员接受亲人的教诲。尤其让服刑人员知道他们犯罪了，政府、社会、家人为帮助他们重新做人所付出的艰辛和劳苦，强化罪犯的悔罪意识、感恩之情。

第四，为了激发服刑人员的感恩赎罪意识，可组织每名服刑人员每月写一篇感恩家书，让他们向关怀帮助过自己的亲人表达感恩之情、愧疚之心。服刑人员动手书写的过程，正是回顾自己犯罪的过程，同时也应该是忏悔的过程。

操作建议

此部分内容主要是针对如何进行感恩，从形式上进行解释。

【解析】

操作建议

当前，很多干警的确能够意识到感恩教育的重要性。但是，在实际的工作与生活中，不仅仅是干警，还有我们普通人，却往往不能将感恩用于实践。

因此，本部分内容，主要针对感恩的心态进行解析。

从当前监区工作来看，民警在对服刑人员的教育改造中，面临的困惑越来越多。按照常理，目前民警执法日趋依法、文明，监狱狱务公开不断深化、透明，国家刑事政策空前优越，减刑假释制度公开、公正，服刑人员更应该遵规守纪、踏实改造。但实际情况却不尽如人意，服刑人员越来越难管理。

造成这种状态的原因之一就是服刑人员内心深处感恩意识的缺失。

因此，监狱需要加强对服刑人员进行感恩教育的力度。同时，作为干警，对服刑人员进行感恩教育更要有一个心理准备。对服刑人员实施感恩教育是个“润物细无声”的过程，它不可能立竿见影，也不可能一蹴而就，而是需要持之以恒和艰辛反复的努力。

在实施过程中，一是要尊重罪犯的人格尊严。现代监狱刑罚理念已从旧时对罪犯的报应型思想转变为人道主义的矫正型思想，罪犯并不因为犯罪而丧失人格尊严，其人格尊严也应得到尊重。二是要保障罪犯的合法权益。罪犯被剥夺的只是部分权益，而没有被剥夺其合法权益，监狱一定要予以保障。如果没有原则地对罪犯的合法权益予以剥夺，势必会造成不良后果。以上两点，是我们做好感恩教育的前提和基础。

另外，对服刑人员要力所能及地多加关心，多一些“雪中送炭”。不要因为他们曾是罪犯就把他们看成是毒蛇猛兽，一棍子打死，我们的工作职责是把他们教育改造成守法公民。人在困境中，总是希望有人帮一把，拉一把，对罪犯我们应该多关心、多用心，对他们的困难多关注、多给予帮助。精诚所至，金石为开。这样才能让罪犯真正感恩，感到生活不绝望，感到挫折、磨难不过是人生的一种经历而已。反之，如果我们对罪犯漠然置之，甚至“落井下石”，那么我们所有的心血和汗水都会付诸东流。

所以，转变干警的工作态度，这也是感恩教育的重要环节之一。

如何转变干警的态度呢？其实也就是解决“我为什么要对你好”这样一个问题？干警的管教工作，如同社会中的老师角色。我既可以将这个角色看成是一份工作，仅仅是养家糊口，也可以看作是一份事业，在这个过程中成就自我。

如果我们仅仅是看成工作，的确，不出错就是基本的要求。而如果看成是事业，这就需要我们全身心地投入其中。但如何才能全身心投入其中呢？这就要解决一个付出与回报的问题。

付出与回报，在商业上讲得最多。商业的本质决定了要付出就要先想想自己会得到什么，哪怕是做慈善，目的也是为了宣传。你见过谁，在商业上把白花花的银子花出去，不需要回报的，谁都不傻。

但实际上，不仅仅是商业，甚至包括亲情、爱情、友情，都是一种付出与回报，没有回报谁也不会一直心甘情愿地付出。亲情在每个人心里似乎都是至高无上的，即使多付出一些，我们也感觉无所谓。但其实你付出时就已经在索取了。索取你们之间的亲情会更好，索取他们对你的看法会与对其他人的看法不一样。这一点，我们要勇于承认。

那么在感恩这件事情上，我们如何分析付出与索取呢？我们一起来看一个故事：

古时有一个妇人，特别喜欢为一些琐碎的小事生气。她也知道自己这样不好，便去求一位高僧为自己谈禅说道，开导自己。

高僧听了她的讲述，一言不发地把她领到一座禅房中，落锁而去。妇人暴跳如雷、破口大骂。骂了许久，高僧并不理会。妇人又开始哀求，高僧仍置若罔闻。妇人终于沉默了。高僧来到门外，问她："你还生气吗？"

妇人说："我只为我自己生气，我怎么会到这地方来受这份罪。"

"连自己都不原谅的人怎么能心静如水？"高僧拂袖而去。

过了一会儿，高僧又问她："还生气吗？"

"不生气了。"妇人说。

"为什么？"

"气也没有办法呀。"

"你的气并未消逝，还压在心里，爆发后将会更加剧烈。"高僧又离开了。

高僧第三次来到门前，妇人告诉他："我不生气了，因为不值得气。"

"还知道值不值得，可见心中还有衡量，还是有气根。"高僧笑道。

当高僧的身影迎着夕阳立在门外时，妇人问高僧："大师，什么是气？"

高僧将手中的茶水倾洒于地。妇人视之良久，顿悟，叩谢而去。

何苦要气？气便是别人吐出而你却接到口里的那种东西，你吞下便会反胃，你不看它时，它便会消散了。生气是用别人的过错来惩罚自己的蠢行。

看完上述故事的你，不知道是否会如故事中的主人公一样地开悟。感恩其实就是拿外在的人与事来修炼内在的自我。通过感恩行为，我成长了自我，成就了自我，我的生活也因此更美满，人生也更有意义了，还有比这更有价值的事情么？

所以，别人对我们无视、别人对我们不理，这都是我们成长的机会。成长就在这些瞬间。

最后，附上初中课本中的一篇小文章，思考"我"为什么要对一朵花微笑呢？

对一朵花微笑

刘亮程

我一回头，身后的草全开花了。一大片。好像谁说了一个笑话，把一滩草惹笑了。

我正躺在山坡上想事情。是否我想的事情——一个人脑中的奇怪想法让草觉得好笑，在微风中笑得前仰后合。有的哈哈大笑，有的半掩芳唇，忍俊不禁。靠近我身边的两朵，一朵面朝我，张开薄薄的粉红花瓣，似有吟吟笑声入耳；另一朵则扭头掩面，仍不能遮住笑颜。我禁不住也笑了起来。先是微笑，继而哈哈大笑。

这是我第一次在荒野中，一个人笑出声来。

还有一次，我在麦地南边的一片绿草中睡了一觉。我太喜欢这片绿草了，墨绿墨绿，和周围的枯黄野地形成鲜明对比。

我想大概是一个月前，浇灌麦地的人没看好水，或许他把水放进麦田后睡觉去了。水漫过田埂，顺这条乾沟漫漶而下。枯萎多年的荒草终于等来一次生机。那种绿，是积攒了多少年的，一如我目光中的饥渴。我虽不能像一头牛一样扑过去，猛吃一顿，但我可以在绿草中睡一觉。和我喜爱的东西一起睡，做一个梦，也是满足。

一个在枯黄田野上忙碌半世的人，终于等来草木青青的一年。一小片草木会不会等到我出人头地的一天？

这些简单地长几片叶、伸几条枝、开几瓣小花的草木，从没长高长大、没有茂盛过的草木，每年每月，从我少有笑容的脸和无精打采的行走中，看到的是否全是不景气？

我活得太严肃，呆板的脸似乎对生存已经麻木，忘了对一朵花微笑，为一片新叶欢欣和激动。这不容易开一次的花朵，难得长出的一片叶子，在荒野中，我的微笑可能是对一个微小生命的欢迎和鼓励。就像青青芳草让我看到一生中那些还未到来的美好前景。

以后我觉得，我成了荒野中的一个。真正进入一片荒野其实不容易，荒野旷敞着，这个巨大的门让你努力进入时不经意已经走出来，成为外面人。

它的细部永远对你紧闭着。

走进一株草、一滴水、一粒小虫的路可能更远。弄懂一棵草，并不仅限于把草喂到嘴里嚼嚼，尝尝味道。挖一个坑，把自己栽进去，浇点水，直愣愣站上半天，感觉到可能只是腿酸脚麻和腰疼，并不能断定草木长在土里也是这般情景。人没有草木那样深的根，无法知道土深处的事情。人埋在自己的事情里，埋得暗无天日。人把一件件事情干完，干好，人就渐渐出来了。

我从草木身上得到的只是一些人的道理，并不是草木的道理。我自以为弄懂了它们，其实我弄懂了自己。我不懂它们。

三、体验环节

拓展小活动：最重要的人

项目名称	最重要的人	项目类型	感恩、珍惜
人员要求	以小组或个体形式参加	时间预计	40 分钟
场地要求	一处空场地	项目道具	白纸（也可剪成人的形状）
项目目标	通过不断的取舍，体验失去至亲的感觉，意识到感恩和珍惜。		
项目规则	1. 主拓给每人发 5 张小纸人和一支笔。 2. 要求所有人在纸人上写上生命中最重要的五个人的名字。 3. 写好后，主拓开始宣读如下指导语： (1) 请大家看一下自己写下的这五个人的名字，用心去想象他们，仿佛他们就在我们的身边（5 分钟左右）。 (2) 现在我要求各位删除一个人的名字，这个人将再也不会出现在你的生活中，将离你远去，你将再也不会见到他，请你做出决定，并告诉我或写下你这样选择的理由（主拓注意倾听观察被拓的表情、语调、行为等）。 (3) 请再删除一个人的名字，这个人将再也不会出现在你的生活中，将离你远去，你将再也不会见到他，请你做出决定，并告诉我或写下你这样选择理由。 (4) 步骤同上，直到最后剩下一个人（请主拓再一次询问被拓选择的理由，并请被拓谈一下对这个游戏的领悟与感想）。		
注意事项	主拓注意参与者的情绪反应。		

【解析】

操作建议

1. 针对个别干预对象，在解析时，可依据下述内容结合对干预对象本身的了解，做出具体的解释。

2. 针对多名干预对象，可按照下述段落符号，分段呈现在每一页 PPT 上，如编号 1 是一页 PPT，编号 2 是另一页 PPT。如有可能可进一步提炼每页 PPT 呈现的内容，尽量做到简洁有效。

（1）在操作这个拓展游戏活动时，要注意积极引导被拓进入想象情境，进行身临其境的体验。

在游戏过程中，被拓经过努力，终于将五个名字写了出来。可是紧接着，我们又要让被拓一个一个删除这些名字，并且极力地让被拓去体会这种丧失与痛苦。

通过这种假想性的失去，能够激发被拓对于当前关系的思考，从而能够让其对现在习以为常的事情打开另外一个视角，产生不一样的认识。

（2）在这个拓展游戏活动中，最终留下来的名字，往往是我们的家人。

这个世界上和我们最亲近的人就是我们的家人，而家人也常常是我们在生活里最容易忽略的人。我们习惯了他们就在我们身边，他们不会苛求我们去回报他们的付出，以至于我们一直忘了对他们说谢谢。

（3）我们的拓展就是希望让被拓明白，那些最重要的人就在自己的身边，要学会珍惜，因为永恒的陪伴不是必然；更要学会感恩，感谢那些最重要的人把他们的脾气、任性、无理取闹照单全收。

四、提升环节

操作建议

1. 此部分内容需要在干预对象已经意识到感恩的必要性及对自己的成长意义时，进行呈现。

2. 呈现方式可以采用视频方式，强烈建议由咨询师来教学。教学中学习每一句歌词的过程，就是对干预对象进行培养的过程。

小活动：学唱《爱的奉献》

歌手：韦唯

这是心的呼唤
这是爱的奉献
这是人间的春风
这是生命的源泉
在没有心的沙漠
在没有爱的荒原
死神也望而却步
幸福之花处处开遍
啊只要人人都献出一点爱
世界将变成美好的人间
啊只要人人都献出一点爱
世界将变成美好的人间
music……
在没有心的沙漠
在没有爱的荒原
死神也望而却步
幸福之花处处开遍
啊只要人人都献出一点爱
世界将变成美好的人间
啊只要人人都献出一点爱
世界将变成美好的人间
啊只要人人都献出一点爱
世界将变成美好的人间
啊只要人人都献出一点爱
世界将变成美好的人间

【解析】

通过学习《爱的奉献》歌曲，体验感恩。

操作建议

干预对象能够熟练演唱歌曲，这表示经历至少四次咨询之后，咨询过程暂告一段落。为更好地保持咨询效果，在咨询结束时，可向干预对象呈现下述故事。

为更好地明晰感恩的主题，我们还可以呈现一个小故事：《幸福的秘诀》。

很早以前，一位国王觉得自己不幸福，就派宰相去找一个最幸福的人，将他幸福的秘诀带回来。

宰相碰到男人问："你幸福吗？"男人回答说："不幸福，我还没有功成名就。"

宰相碰到女人问："你幸福吗？"女人回答说："不幸福，我没有羞花闭月的美貌。"

宰相碰到穷人问："你幸福吗？"穷人回答说："不幸福，我没有钱。"

宰相碰到富人问："你幸福吗？"富人回答说："不幸福，我的钱还不够多。"

宰相询问了各种各样的人，但始终没有找到自认为是最幸福的人。在返回的路上，一筹莫展的宰相听到远处传来歌声，那歌声中充满了欢乐、活力和激情。

宰相赶紧找到了那个唱歌的人。宰相问："你幸福吗？"

唱歌的人答："是的，我幸福，我是最幸福的人。"

宰相问："你为什么是最幸福的人呢？"

唱歌的人答："我感激父母，感激生命，感激妻子，感激朋友，感激这温暖的阳光，感激这和煦的春风，感激这湛蓝的天空，感激这广阔的大地。我感激世间万物，我怎么不是最幸福的人呢？"

宰相问："那你所有的愿望都实现了吗？"

唱歌的人答："没有，那是不可能的，但这并不影响我感到幸福。"

宰相问："为什么？"

唱歌的人答："对能够改变的事情，我竭尽全力，追求美好；对不能改变的事情，我顺其自然，随遇而安。"

所以，幸福的秘密，不是拥有你想拥有的，而是能够接受自己的不完美，并懂得心怀感激。因为只有心怀感激，才能学会珍惜，只有学会珍惜，才能学会知足，只有学会知足，才能感悟幸福。

第二节　从习得无助到习得乐观

一、导入环节

操作建议

1. 当干预操作针对个别对象时，可将下述故事单独打印在一张白纸上，请其自主完成阅读。如因学历问题不能自主阅读，也可由咨询师代为阅读。

2. 当干预对象为多人时，可将下述故事做成 PPT，并配以相关的图片。

老太太的心事

有这样一个老太太，她有两个儿子，大儿子是染布的，二儿子是卖伞的，她整天为两个儿子发愁。天一下雨，她就会为大儿子发愁，因为不能晒布了；天一放晴，她就会为二儿子发愁，因为不下雨二儿子的伞就卖不出了。所以老太太总是愁眉紧锁，没有一天开心的日子，弄得疾病缠身，骨瘦如柴。

一位智者告诉她，为什么不反过来想呢？天一下雨，你就为二儿子兴奋，因为他可以卖伞了；天一放晴，你就为大儿子兴奋，因为他可以晒布了。

在哲学家的开导下，老太太想开了，以后她天天都是乐呵呵的，身体自然也健康起来了。

操作建议

1. 针对个别干预对象，下述思考问题最好由咨询师一个个单独提问，请干预对象进行回答。

2. 针对多名干预对象，可将下述思考问题做成一页新的 PPT，每次呈现一个问题，请干预对象各抒己见。

读完上述故事，请你思考：

1. 老太太前后变化的原因是什么？

2. 请分享这个故事对你的启迪。

【解析】

操作建议

1. 这个故事主要是引导干预对象意识到不同认知对人的心理的影响。

2. 在此基础上，我们进一步分析，认知与行为之间的关系还受到情绪的调节。

在工作与生活中，经常会出现这样一种现象：我们观看一部感人的电影或听一个励志的报告，在当时，我们往往被他们所感动和激励，立志要改变自己，向他们学习。然而时过境迁，这种感动慢慢地消退了，我们还是原先的我们，与以前别无二致。明知道有些事不对，还去做；明知道有些事有益，却不能坚持。为什么会这样呢？

人天生就有一个心理舒适区的存在。当一个人处在这个舒适区中时，他做什么都感觉到是快乐和自由的，并且他在舒适区中会形成一种惯性，这种惯性无所谓好与不好，但是绝对是最省力、最舒服的。

当一个人认知到自己的错误时，只是心理层面得到认知，但是想要转化到生理上和行为上，却需要矫正惯性，跳脱舒适区。

所以，知道但不去做，原因就是认知和行为的割裂。

这就像是在逆水行舟，你需要极大的努力和意志，才能改变你自己。所以多数时候，人是很难改变自己的，除非是受到了非常强烈的刺激，产生一种不改变我就要死的心理认知，只有这样才会迫使他进行一种脱胎换骨式的改变。

在心理学上，我们认为认知与行为之间有直接的关系。认知不但决定我们感受事情的方式，而且对我们的行为方式产生重要作用。认知可以激励我们去做那些与目标一致的事情，例如跟朋友保持联系，坚持锻炼，培养业余爱好或者去解决某个问题。另一方面，认知也可以产生自我挫败的行为，例如办事拖拉，伤害我们所爱的人，把自己孤立起来，或者忽视自己的健康。

也就是说，认知既可以产生有益的行为，也可以产生有害的行为。

但仅仅只有认知是不足够的，这就像枪装上了子弹，万事俱备，却还要一个扳机。而在认知改变行为上的扳机，就是一种强烈的情绪体验。

所以，通常严重的情绪打击：濒死、失恋、绝望、撕心裂肺的痛苦，会让一个人产生翻天覆地的变化：

一个成绩超级差的学生在高考前一个学期突然因家庭打击而顿悟，开始全身心投入复习，终于考上一本大学。

一个大胖子因为女神的一句“你太胖了，我不喜欢”，开始疯狂减肥，变成拥有八块腹肌的男神。

以上这些案例都说明，正确的认知加上强烈情绪的推动力，是促使改变的原因。梦想，对改变的强烈渴望，会促使你进行蜕变。

有趣的是，这种关系反过来也成立——正如认知、情感影响行为，行为也可以影响思维和情感。

二、知识呈现环节

（一）什么是心态

“心态”是决定人们思维模式和行为方式的一种心理状态或态度，是人的心理对各种信息刺激所作出反应的趋向，是由认知、情感、行为意向等因素构成的富有建设性的主观价值取向。

（二）什么是积极心态

所谓积极心态，是把别人的批评、责骂、指出不足、建议等，看成是善意的，看成“关爱、帮助和造就”，以感恩和学习的心态，虚心听取，思考、分析、反省，从中吸收有利于自己进步成长的营养，促进自己进步成长。主要是指做人方面。所谓积极心态，就是面对工作、问题、困难、挫折、挑战和责任时，从正面去想，从积极的一面去想，从可能成功的一面去想，积极采取行动，努力去做。也就是可能性思维、积极思维、肯定性思维。主要是指做事方面。

积极心态是一种主动的生活态度，对任何事都有足够的控制能力，反映了一个人的胸襟、魄力。积极的心态会感染人，给人以力量。

操作建议

本环节主要是通过讲解，让干预对象认识到什么是积极心态及其作用。

【解析】

积极心理学家赛利格曼认为：一个人选择乐观还是悲观，取决于其解释问题与挫折的方式是采取乐观的归因方式，还是悲观的归因方式。美国成功学学者拿破仑·希尔关于心态的意义说过这样一段话："人与人之间只有很小的差异，但是这种很小的差异却造成了巨大的差异！很小的差异就是所具备的心态是积极的还是消极的，巨大的差异就是成功和失败。"

积极的心态有助于人们克服困难，使人看到希望，保持进取的旺盛斗志。消极心态使人沮丧、失望，对生活和人生充满抱怨，自我封闭、限制和抹杀自己的潜能。积极的心态创造人生，消极的心态消耗人生。积极的心态是成功的出发点，是生命的阳光和雨露，让人的心灵成为一只翱翔的雄鹰；消极的心态是失败的源泉，是生命的慢性杀手，使人受制于自我设置的某种桎梏。

关于心态的影响，在这里给大家插入一个心理学家的小实验：心理学家带着九个人在黄昏时刻来到了一座桥边。

心理学家说："你们九个人听我的指挥，走过这座弯弯曲曲的小桥，千万别掉下去，不过掉下去也没关系，底下就是一点水。"结果大家都顺利过桥。

所有人走过去后，心理学家打开了一盏黄灯，透过灯光九个人看到，桥底下不仅仅是一点水，而且还有几条在蠕动的鳄鱼。众人都吓了一跳，一阵后怕。

心理学家问："现在你们谁敢走回来？"没人敢走了。

心理学家说："你们要用心理暗示，想象自己走在坚固的铁桥上。"只有三个人愿意尝试：第一个人颤颤巍巍，走的时间多花了一倍；第二个人哆哆嗦嗦，走了一半再也坚持不住了，吓得趴在桥上；第三个人才走了三步就再也迈不开脚步了。

心理学家这时打开了所有的灯，大家这才发现，在桥和鳄鱼之间还有一层网，网是黄色的，刚才在黄灯下看不清楚。大家现在不怕了，说要知道有网我们早就过来了，几个人哗啦哗啦都走过来了。

只有一个人不敢走，心理学家问："你怎么回事？"这个人说，我担心网不结实。

这些人有过桥的能力吗？可是为什么不能过桥了呢？显而易见，正是心态影响了能力的发挥。

积极心态促进能力的发挥，消极心态制约了能力的发挥。选择了积极的心态，就是选择了成功的希望；选择消极的心态，就注定要走进失败的沼泽。假如你想成功，想把美梦变成现实，就必须摒弃这种抹杀你的潜能、摧毁你的希望的消极心态。

因此，建议大家可以大声地朗读下面的句子：

你不能决定生命的长度，但你可以控制它的宽度；

你不能左右天气，但你可以改变心情；

你不能改变容貌，但你可以展现笑容；

你不能控制他人，但你可以掌控自己；

你不能预知明天，但你可以利用今天；

你不能样样顺利，但你可以事事尽力。

三、体验环节

小活动：加快你的节拍

活动要求：

1. 以个人为单位，伸出双手，进行鼓掌。要求主拓来控制节奏，从一秒钟一下，然后慢慢地过渡到一秒钟三下。

2. 以个人为单位，要求每个人按照自己平常的走路速度走路。之后，要求其加快走路速度。

3. 请各位被拓反思不同拍掌及走路速度的区别。

操作建议

在这个环节，要注意让干预对象能够跟着节奏来进行，同时在进行活动的时候，注意引导干预对象对变化进行积极体验。

【解析】

在上文当中，我们提到，认知与情感会影响行为。反过来，行为也会影

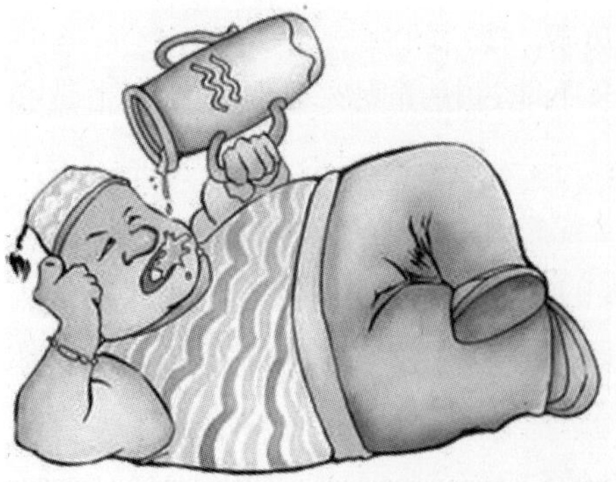

响认知与情感。最简单的例子，就是我们喝醉酒后，对应的心理也会发生极大的变化。

因此，对行为的改变，最简单的就是直接从行为入手。本游戏环节直接从行为入手，要求被拓通过行为的变化来改变态度。如果你的认知里有“走路速度快 = 雷厉风行 = 有自信的人”的行为表现，就可以带来自信的体验。

行为改变态度是个很有效的影响方法，基本原则就是不管你怎么想，怎么感受，先做出个样子来，样子做到十足，想法和感受也会随之发生变化。

所以，如果在黑暗处蹲下来画圈圈，认真重复这个动作，你可能就会开始感到自己真的有些委屈可怜；如果对着镜子微笑，认真地笑，也可能会有开心的感觉；更直接的例子，很多人感觉穿正装走路、说话都会有些不一样，自己也更自信，也是一样的道理。

其实我们有时候很像演员，要让别人相信我们是某个样子，我们必须先让自己相信，因为认知与行为一致，是维持平衡心理状态的一种机制。所以常做坏事的大奸大恶之人，认知都很扭曲，很多时候明明是自己的错，却常常认为是社会、父母、其他人的错，自己是被逼的。因为没有这种扭曲的认知，日子就没法过。

四、提升环节

日记作业：《不一样的我》

写作要求：

1. 要求对自己生活中的事件从不同的角度进行分析，得出不同的结论。
2. 主动反思、分享加快走路速度的体会。
3. 以每周一篇的频率完成，并上交。

【解析】

认知对我们行为的影响不是自动发生的，它需要我们主动自觉地将认知与行为联系在一起，这种联系需要我们主动构建。

1. 强化

将认知转化为行为，没有捷径，最实用的办法就是强化训练，经常实践。

人都是向善的，面善、言善、行善是高境界。拓展结束一段时期内，我们内心都是激动震撼的，进取意识特别强烈，甚至感觉不到改造的倦怠。我们要及时把握这种美好的、阳光的、进取的心态，积极反思改进教育教学行为，强化训练，不懈实践。

2. 从感性向理性转移

积极的心态就像学生的注意力一样不能长期保持。因为世界是复杂万千的，各种因素交互影响，于是有了“好景不常在”“好花不常开”。实践证明，感动、震撼这些感性因素可以短暂提升工作效率，但只有转化为理性因素才可能长期维持。心理学把兴趣分为直接兴趣和间接兴趣。直接兴趣是对事物本身的兴趣，属于感性层面；间接兴趣是对事物结果感兴趣，属于理性层面。理性是可持续的，当对一件事物结果感兴趣时，随时可以调整过程的懈怠，所以必须牢牢记住自己的改造规划目标，把它烙在脑海里。

3. 持续行为成为习惯

认知转化为行为，要靠强化；行为转化为习惯，关键在于持续，习惯是行为最自然的境界。养成良好的习惯，环境当然很重要。“云彩拂霞，溪水润物”，我们需要努力追求并营造一种和风细雨、润物无声的和谐环境。做到“生存差距最小化，发展差异最大化”，让每个人体验到成长的快乐。好好把握感性进取阶段，提升工作效能。牢牢记住理性目标，不让消极心理占据心灵。随时提醒、相互督促、保持进取的阳光心态，“时时勤拂拭，莫使惹尘埃”。持之以恒，形成习惯，铸就辉煌人生。

操作建议

改变是不容易的。为了能够让干预对象更好地体会改变的不统一，可以加入一个体验小活动。活动内容如下：

（1）请双手交叉，看一下哪个手的大拇指在上面。

（2）再来一遍，是否还是这个手的大拇指在最上面。

（3）有意识地变化一下，这次你将另外一只手的大拇指放到最上面，感受一下不同。

第三节　学会分享，让幸福加倍

一、导入环节

天堂与地狱

有人和上帝讨论天堂和地狱的问题。

上帝对他说："来吧，我让你看看什么是地狱。"

他们走进一个房间，一群人围着一大锅肉汤，但每个人都瘦骨伶仃，一脸饿相。他们每个人手里都有一只长长的可以够到锅里的汤勺，但汤勺的柄比他们的手臂还长，自己没法把汤送到嘴里，有肉汤却喝不到肚子里，只能望"汤"兴叹，无可奈何。

"来吧，我再让你看看什么是天堂。"

上帝又把这个人领到天堂里。这里也是一锅肉汤、一群人、一样的长柄汤勺，但大家都身宽体胖，正在快乐地歌唱着幸福。

操作建议

1. 针对个别干预对象，下述思考问题最好由咨询师一个个单独提问，请干预对象进行回答。

2. 针对多名干预对象，可将下述思考问题做成一页新的PPT，每次呈现一个问题，请干预对象各抒己见。

讨论：

1. 天堂与地狱有什么不同？

2. 这则故事给你什么样的启示？

【解析】

我们先来看完后面的故事：

“感到奇怪吗?”上帝笑着说，“你看下去就知道了。”

晚饭时间到了，只见这里的人围坐在锅边，用勺子把食物送到别人的嘴里。原来，天堂和地狱的区别，只是人们用勺子的方法有所不同而已。

我们总是在追求幸福，到底幸福是什么呢?很多人认为幸福就是有很多钱，能够买到我想买的任何东西。这就是幸福吗?显而易见，金钱买不来真情。所以，有钱不一定代表幸福。当然，从某种程度上来说，一定的金钱是幸福的基础，但是仅仅有钱却不能够给我们足够的幸福感。那么，到底什么是幸福呢?

按照心理学的理解，幸福是指一个人的需求得到满足而产生喜悦、快乐与稳定的心理状态。幸福是一种感觉，它并不取决于人的生活状态，而取决于人的心态。幸福似穿鞋，松紧自明；幸福如喝水，冷暖自知。幸福的特征就是心灵的平静，所谓知足者常乐就是这个道理。

那么幸福与分享有什么关系呢?我们再来看一个故事：

树上落下一只嘴里衔着一大块肉的乌鸦，许多追踪这只“富有者”的乌鸦成群飞来。它们落下来，一声不响，一动不动。那只嘴里叼着大块肉的乌鸦已经很累了，吃力地喘息着。它不可能一下子就把这一大块肉吞下去呀。它也不可能落在地上，从容不迫地把这块肉啄碎。那样，其他乌鸦会猛扑过来，开始一场混战。它只好停在那儿，保卫嘴里的那块肉。

也许因为嘴里叼着肉呼吸困难，也许因为先前被大家追赶，它已经筋疲力尽。只见它摇晃了一下，叼着的肉突然掉下去。所有的乌鸦都猛扑上去，在这场混战中，一只非常机灵的乌鸦抢到了这块肉，立即展翅飞走。其余的乌鸦紧随其后——第一只被追赶得筋疲力尽的乌鸦也在跟着飞，但已明显地落在大家后面了。

结果，第二只乌鸦也像第一只一样，被追得筋疲力尽，落到了一棵树上，最终失掉了那块肉。于是又是一场混战，所有的乌鸦又去追赶那个“幸运儿”……

大家听完后肯定觉得这些乌鸦笨死了，但我在这里想告诉大家的是：这些不懂得分享的乌鸦，最终的结果是自己永远享受不到那块肥肉，满足不了自己对肉的渴望。你想，这样的乌鸦幸福吗?分享是与独占和争抢行为相对立的，而后者常被视为自私自利的表现。分享对于一个人与社会的融合起着决定作用，它影响着人能否被社会接纳、能否适应社会、能否在社会上生存。分享才能够让我们的需要在我与你、我与社会的关系当中获得满足。当人们主动与别人分享本属于自己独有的一份东西时，当人们提出对双方同样有利的建议、并付诸行动时，常常能赢得别人的好感，从而为进一步交往打下基础。而那些只习惯独自享受，在为自己谋利的过程中，不顾别人利益的人是很难与人相处共事的，这些人的幸福往往都是空中楼阁，可望而不可及。

二、知识呈现环节

（一）亲社会行为

亲社会行为，又称为利社会行为，指符合社会期望并对行为者本身并无明显好处，而行为者却自觉自愿给行为的受体带来利益的一类行为，主要形式包括合作、分享、助人、捐献、谦让、安慰、同情等。

（二）亲社会行为的理论解释

在亲社会行为的理论解释上，目前有三种较为主流的观点：

1. 社会交换理论

社会交换理论是一种关于人类相互作用的理论。这种理论认为，人类的社会行为是受到社会经济学导向的。人们的相互作用是一种目的在于以个人最小的代价换取最大的补偿的交易。人们在交往中所交换的不仅是物质和金钱，而且还有社会性的东西，如爱、服务、信息、地位等。

首先，助人行为有隐蔽的个人利益。帮助他人获得的补偿可能是外部的，也可能是内部的。为了树立自己的形象，为得到他人的赞许或友谊而付出，这是外部的。助人的好处还包括内部补偿。当我们听到一个小孩的哭声时，我们会感到不安、忧伤或烦扰。于是，我们会去了解一下，帮助一下，以解除或减轻我们内心的烦扰。研究发现，那些因为他人的忧伤而引起极大烦恼的人，也是给予最多帮助的人。

其次，移情是真正的利他主义的根源。有爱心的母亲在孩子遭受痛苦时感到痛苦，在孩子快乐时感到快乐，这就是移情。当移情的时候，我们的忧伤集中在遭受痛苦的人身上而不是我们自己本身。真正的移情和同情是推动我们去帮助受害者的原因。这种移情是很自然的，就连刚刚出生的婴儿在听到其他婴儿的哭声时也会跟着哭起来。在产院的护理室里，经常是一个婴儿哭引起众多婴儿的齐声大哭。忧伤和移情激起我们的助人行为。对受灾地区的人们的遭遇感同身受，为之担忧，抱有同情心的人比那些漠不关心的人捐献得更多，这是一再被证明的事实。

2. 社会规范理论

我们经常帮助他人不是因为有意识地计算这种行为能给自己带来什么好处，而是简单地因为我们知道应该这样做。在公交车上为老幼病残者让座，拾到东西交还失主，这是社会行为规范。规范是社会的期待，它告诉我们什么是适当的行为，什么是我们在生活中应尽的责任。社会规范规定着人们在不同情境下的行为方式，指明哪些行为是被社会接受和鼓励的，哪些行为是不允许或受谴责的。亲社会行为是有益于社会整体的，所以是被接受的、受鼓励的和可以得到一定报偿的。研究发现，有两种社会规范在推动助人行为。

第一，互惠规范。社会学家古德纳指出，人类社会一个普遍的道德规范就是互惠规范。对于那些帮助过我们的人应该给予回报，给予帮助，而不是伤害。互惠之所以成为我们社会规范是出于这样一个假设：在社会生活中每一个人都会遇到困难，都需要他人的帮助。因此，自己帮助他人正是因为当自己遇到困难时会得到他人的帮助。所以从根本上看，助人行为也是为自己着想，即人们认识到社会生活中的相互依赖，于是需要形成一种互惠的机制。用交换理论解释，就是我们在对他人“投资”的同时期待着“分红”。当然这种回报可能是近期的，也可能是长远的，但总的说来，人们在交往中期待着交换的平衡。如果接受帮助者反过来没有给予回报，那么就违反了互惠的原则。在人类的社会生活中，从政治到婚姻的各个领域都充满着这样的法则。这种规范常用于平等的关系中，也就是说，发生在任何一方不认为自己低于对方或依赖对方的关系中。

第二，社会责任规范。社会规范规定，不管个人之间是否互利，人都应该助人。我们应该帮助那些需要帮助的人，而不考虑交换，这就是社会责任规范，贝科威茨等人称此规范为“社会责任”。因此，人们遵从这一规范不仅为了互利，而且是为了“自身的声誉而采取的合乎社会要求的行为方式”。

研究发现，这种助人行为经常是在匿名或完全不期待任何回报的情况下做出的。然而，人们做出这种行为经常是有选择性的，即对那些处于不是由于自己的过错而陷入困境的人给予帮助。对于那些环境的受害者，如遭遇自然灾害的灾民，人们往往能慷慨解囊。如果困境明显是自己造成的，如懒惰、道德败坏、犯罪，那么，人们认为，他们理应受到惩罚，所以不愿意帮助他们。在这里，我们明显地看到人们的行为反应是和归因联系在一起的。如果我们将处于困境中的个人的需要归因于不可控制的因素，那么，就会给予帮助。如果将造成困难处境的问题归因于个人的选择，那么，公平要求我们不给予帮助，因为这是他的错。

3. 进化心理学理论

进化心理学指出，生命的本质是基因的保存。我们的基因驱使我们以取得最大限度的生存机会的方式来活动。当我们的祖先死去以后，他们的基因继续存活下来。因此，个体都是在最大限度地遗传个体基因。以此为出发点，具有为陌生人谋取幸福的基因的个体是不会在进化的竞争中存活下来的，生存竞争使“自私”者后代绵绵。但是人类自私的基因上却安排了两种特殊的无私，甚至是自我牺牲，这就是对家族的保护和互惠。

第一，保护家族。我们的基因安排我们关注和我们住在一起的亲属。因此，一种自我牺牲的形式，就是为保留基因的继续存活而关爱自己的孩子，将孩子的幸福放在自己的幸福之上。因此，关爱自己孩子的父母比那些忽视自己孩子的父母更可能将他们的基因传递下去。这也是为什么人们总是关心自己的家人、朋友、邻居，而不是陌生人。大自然安排我们关注与自己关系密切的人。人们对和自己关系更近的人做出更多的利他行为。在紧急情况下人们救助对象的排序似乎也使我们找到进化论的根据。例如，总是先小孩后老人，先家庭成员后朋友，先邻居后陌生人。

第二，互惠。基因上的自私也预先安排了互惠。生物学家特里尔斯说，一个生物体帮助另一个生物体是它期待反过来得到帮助。给予者期待日后成为得到者，而得不到互惠就是受到了惩罚。在现实生活中，这种情况被我们称之为欺骗、出卖、背叛等。在小的和比较封闭的群体中，人们相互作用中的这种互惠性特别突出。在小城镇、小学校，或小宿舍里人们在物质上和精神上都互相关心，互相帮助，而在大都市中的人们就显得很冷漠，很孤独，因为那里有许多社会服务机构。显然，互惠是为了群体的生存。生物学上的根据不等于社会生活的原则，恰恰相反，社会生活要求我们制约这种与生俱来的自私本性，因此，我们要“教”会人们利他主义。在现实生活中，我们总是把救助陌生人的人称为英雄，而很少认为救助亲人是壮举，就是这个道理。

操作建议

此部分主要介绍了利他或者亲社会行为的理论理解，在这里向干预对象进行解释时，应注意加入相关的例子，以方便干预对象更好地理解。

【解析】

这三种理论有明显的相似之处：每种理论都提出两种不同性质的亲社会行为，一种是互惠的交换，一种是无条件的利他主义。更有意思的是，这三种理论是在三个不同的水平上对这两种行为进行解释的，形成了认识上的互补。进化论的观点是建立在生物学的基础上的，社会交换理论是建立在心理学基础上的，而社会规范理论是建立在社会学基础上的。我们可以这样理解：如果进化论的观点是正确的，那么，基因的预先安排使我们必然地在心理的和社会的活动中做出相应的表现。同时，值得注意的是，三种理论都指出亲社会行为不是与生俱来的，而是后天习得的。

三、体验环节

拓展活动：人椅

目的：让干预对象体会我与他人的关系。

时间：约 20 分钟

程序：

1. 全体干预对象站立围成一圈；
2. 干预对象与干预对象之间间距一个拳头的距离；
3. 每个干预对象将双手放在前一个干预对象的双肩上；
4. 每个干预对象缓缓坐在后一位干预对象的大腿根部；
5. 全体干预对象都坐稳后，每个干预对象放开双手，上半身缓缓向后倒至大家可承受的程度，保持数秒后，恢复原状。

讨论：是否有依赖思想，认为自己松懈对团队影响不大？最后出现什么情况？

操作建议

1. 在这个拓展活动中，主拓可以请一个助手来进行协助。

2. 如果是单独的干预对象，也可采用逐渐折断不同根数筷子的实验，来让干预对象认识到集体、他人的重要性。

【解析】

主拓注意从以下三个方面引导干预对象进行反思：

1. 看似不可完成的任务，最终是否完成了？是怎样完成的？

2. 当你坐在队友腿上，或者被队友坐着时，是什么感觉？

3. 整个圈，某一个干预对象（环节）断开，整个圈都前功尽弃。

千万别以为这么多人，只有你一人松懈一下没关系；若是所有人都有这样的想法，你休想坐着，那只能是被重重地压在地上。要想坐得长久，坐得最舒服，每个人就应该先当好一把椅子。

四、提升环节

小活动：《我生命中的分享故事》

活动要求：以主题征文的形式，要求个体将自己的故事写出来，制成刊板。

【解析】

有一个故事，名字叫《不能分享是痛苦的》，说一位犹太教的长老，酷爱打高尔夫球。

在一个安息日，他觉得手痒，很想去挥杆，但犹太教义规定，信徒在安息日必须休息，什么事都不能做。

这位长老却终于忍不住，决定偷偷去高尔夫球场，想着打 9 个洞就好了。

由于安息日犹太教徒都不会出门，球场上一个人也没有，因此长老觉得不会有人知道他违反规定。

然而，当长老在打第 2 洞时，却被天使发现了，天使生气地到上帝面前告状，说某某长老不守教义，居然在安息日出门打高尔夫球。上帝听了，就跟天使说，他会好好惩罚这个长老。

第 3 个洞开始，长老打出超完美的成绩，几乎都是一杆进洞。长老十分兴奋，到打第 7 个洞时，天使又跑去找上帝："上帝呀，你不是要惩罚长老吗？为何还不见有惩罚？"上帝说："我已经在惩罚他了"。

直到打完第 9 个洞，长老都是一杆进洞。因为打得太神乎其神了，于是长老决定再打 9 个洞。天使又去找上帝了："到底惩罚在哪里？"上帝只是笑而不答。

打完 18 洞，成绩比任何一位世界级的高尔夫球手都优秀，把长老乐坏了。天使很生气地问上帝："这就是你对长老的惩罚吗？"

上帝说："正是，你想想，他有这么惊人的成绩，以及兴奋的心情，却不能跟任何人说，这不是最好的惩罚吗？生活需要伴侣，快乐和痛苦都要有人分享。没有人分享的人生，无论面对的是快乐还是痛苦，都是一种惩罚。"

原来，当快乐不能分享时，竟然会变成一种惩罚。如果快乐能够分享，那么快乐会加倍，如果痛苦能够分担，那么痛苦会减少。一个很有名的人举了一个例子，他用物理的公式来传达这个想法，他说：压力公式 $p = f/a$，压力的大小等于外力除以接触面积，换句话说，当外力都是一样的时候，如果接触的面积大，压力就会变小。我们心理有压力，一定有什么事情困扰着我们，我们可能没有办法改变这件事，但要让心理的压力减小，我们可以跟其他人倾诉，让受力面积扩大。当然你要记得，不是只有痛苦才找人分担，快乐也要跟人分享，否则以后大家看到你就会躲得远远的。最后，你也可以想想，如果你愿意当那个分享人家快乐的人，或是分担别人痛苦的人，我相信，你也会是一个很幸福的人，因为很多人会很感激你的。

一个人无论看到怎样的美景奇观，如果他没有机会向人讲述，他就决不会感到快乐。人终究是离不开同类的。一个无人分享的快乐决非真正的快乐，而一个无人分担的痛苦则是最可怕的痛苦。所谓分享和分担，未必要有人在场，但至少要有人知道。永远没有人知道，绝对的孤独、痛苦便会成为绝望，而快乐——同样也会变成绝望！

快乐与人分享，会变成两份快乐；痛苦有人分担，就只剩下一半痛苦。快乐是一种心绪，是情感上的愉悦；快乐是一种体验，是发自内心的快活；快乐是一只吉祥的鸟儿，能在心灵的枝头唱出婉转优美的歌；快乐是一支悠扬的乐曲，会在心田深处舒缓地淌过。

第五章

人生的价值——生命的升华

第一节　认识和了解我们的生命

一、导入环节

观看影片：《子宫内日记》

操作建议

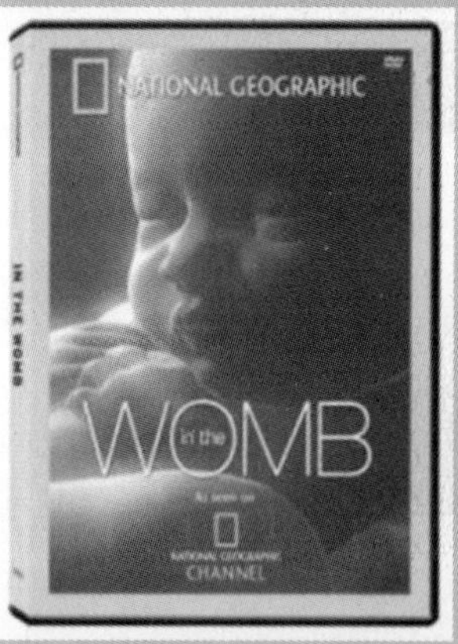

1. 可通过集体播放视频方式，将影片进行呈现。

2. 针对多名干预对象，可将下述思考问题做成一页新的PPT，每次呈现一个问题，请干预对象各抒己见。

3. 在播放视频时，可呈现下述指导语：

在这里，好像我们每天都在不断地重复，感觉人生真的好像没有什么意义，不明白我们为什么要活着。很多人对于这样的生活坚持不下去，但也许有一句话你应该听说过：故天将降大任于斯人也，必先苦其心志，劳其筋骨，饿其体肤，空乏其身，行拂乱其所为，所以动心忍性，曾益其所不能。所以，生命不是一成不变的，有高峰也有低谷，正是有高有低，才有了生命的波澜壮阔。进一步来说，人的生命本身就是奇迹，你来到这个世上，已经是一件不平凡的事情。那么，你有没有用敬畏的态度来对待你自己不平凡的生命呢？我们一起来看这部《子宫内日记》，一起来领略生命的不平凡。

4. 如有可能，也可请干预对象进行读后感写作。可以用黑板报或者是座谈会的形式来进行展示与交流。

看完上述视频，请你思考：

1. 你如何看待生命？

2. 你如何看待你自己的生命？

【解析】

操作建议

1. 针对个别干预对象，在解析时，应根据其自身的实际问题，结合下述解析内容，使用自己的语言，进行有针对性的解析。

2. 针对多名干预对象，可按照下述段落符号，分段呈现在每一页PPT上，如编号1是一页PPT，编号2是另一页PPT。如有可能可给每页PPT配上相关主题图片。

（1）我们一起来回顾一下视频中的经典镜头。

画面一，无数蝌蚪状的精子向卵子奔去——上帝说，在某种意义上，你们是击败了亿万个人才来到这世上的。

画面二，胚胎分化，首先出现神经和脑，科学家说，我们在母体内的生长过程重现了人类的进化历程，达尔文的进化论是有道理的。

画面三、四、五、六、七……胎儿从一个肉眼勉强可辨的小点变得越来越大，长出了身子，有心跳了，会吞羊水了，会不安分地踢妈妈的肚子了……

画面N，准妈妈挺着大肚子在床上辗转反侧。画外音：接近临产期，妈妈们会十分难受，此时不管采取哪种姿势对她们来说都是折磨……

画面N+1，我们终于出生了！

（2）在生存空间上，看起来生命分布的空间很大，从地球最深的马里亚纳海沟底部到最高的喜马拉雅山顶，到处都有生命的存在。但实际上，从高度来讲，已知生命的几乎全部生存范围只有28公里左右——与浩瀚的宇宙相比，微乎其微。对于包括人类在内的陆地生物而言，就更少了，上述空间有

99.5%以上，完全是对我们关上了大门。即使如此，地球对生命已经很客气了，放眼看看宇宙其他地方，要么是极寒黑暗，要么是烈焰熔岩，总之，它们对生命并不那么友好。

（3）所以说，在宇宙中，生命是一个奇迹，它需要一连串永无休止的好运。而任何一个人的生命，都是这个世界上独一无二的奇迹。

（4）生命如此来之不易，值得我们好好珍惜。但在现实生活中，我们很多人却从来没有意识到这一点。某小学生因为考试成绩不好自杀；某花季少女因感情受挫自杀；某中年海归博士因工作不顺、事业受挫自杀；甚至还有人因为一点蝇头小利杀人越货，草菅人命等。这些类似的新闻屡上报端，让人看了不免惋惜。他们不懂生命之可贵，不懂自己是如何克服了重重困难才来到地球上，又怎样熬过无数次灭绝的危险，才让拥有智慧的人类出现在地球上，一遇到挫折和困难就自以为是世界末日，轻易放弃了希望和奋斗动力，甚至想到轻生，更甚者去杀生。

（5）对于这些人，一定要多看看路边石缝间的小草，看看荒漠中的地衣，学习它们的坚韧，感受它们强烈的生存欲望，再看看生命进化的历程、人类血染的历史，就会明白人之为人的幸运。

（6）生命短暂而灿烂，需要我们用心经营。如果把整个地球的历史压缩成一天，我们的全部历史不过短短几十秒钟。即使是如此短暂的存在，人类也已经到达了一个相当优越的位置，成为生命舞会中当之无愧的最耀眼的明星。就单个人而言，我们的存在更是一刹那，犹如烟花绽放，短暂而绚烂。每个人都应该用激情燃烧青春，点燃生命的火花，只求在这个神奇的舞台上，上演最炫目的一出戏。

（7）杨澜说："女人很伟大，因为女人孕育了生命——世间最最美好的存在。"

（8）作为人类，我们确实有许多值得自豪的理由：我们不仅仅追求"生存"，更多的是追求"生命"，即灵动、活泼和快乐的存在。我们有计划、有志向、有欲望地享受着生命赋予的整个令人陶醉的人生，去改变自己、改变世界。可以说，人的出现是生命最勇往直前、最雄心勃勃的壮举。

二、知识呈现环节

什么是健康?

经过医学检查，医生告诉我们，身体一切正常，但这是不是就代表我们是健康的呢?

对于这个问题，很多人回答是。那么，问题来了，健康就是指身体没有疾病吗?

自古至今，对健康的追求是人们关注的第一要务。然而什么是健康?如何正确理解和把握健康的确切内涵?这是一个不断深化的问题。

之前，人们普遍认为没有疾病就是健康。到 1977 年，世界卫生组织给健康下了一个正式的定义：健康是指生理、心理及社会适应三个方面全部良好的一种状况。该定义指出：健康是基本人权，达到尽可能的健康水平，是世界范围内一项重要的社会性目标。时隔多年后，1989 年世界卫生组织又一次深化了健康的概念，认为健康包括躯体健康、心理健康、社会适应良好以及道德健康。

1. 躯体健康（生理健康）

躯体健康是指身体结构和功能正常，具有生活的自理能力。

2. 心理健康

心理健康是指个体能够正确认识自己，及时调整自己的心态，使心理处于良好状态以适应外界的变化。心理健康有广义和狭义之分：狭义的心理健康主要是指无心理障碍等心理问题的状态；广义的心理健康还包括心理调节能力、发展心理效能能力。

3. 社会适应良好

较强的适应能力是心理健康的重要特征。心理健康的大学生，应能与社会保持良好的接触，对于社会现状有清晰、正确的认识。既有远大的理想和抱负，又不会沉湎于不切实际的幻想与奢望之中，注重现实与理想的统一。对于现实生活中所遇到的各种困难和挑战，不怨天尤人，用切实有效的办法去解决。当发觉自己的理想和愿望与社会发展背道而驰时，能够迅速地进行自我调节，以求与社会发展一致，而不是逃避现实，更不会妄自尊大和一意孤行。

4. 道德健康

道德健康是指能够按照社会规范的细则和要求来支配自己的行为，能为人类的幸福做贡献，表现为思想高尚、有理想、有道德、守纪律。

这种新的健康观念使医学从之前单一的生物医学模式演变为生物—心理—社会医学模式。这个现代健康概念中的心理健康、社会性健康以及道德健康是对生物医学模式下的健康的有力补充和发展，它既考虑到人的自然属性，又考虑到人的社会属性，从而改变了人们对健康的片面认识。

所以健康是指一个人在身体、精神和社会等方面都处于良好的状态。健康是人的基本权利，是人生最宝贵的财富之一；健康是生活质量的基础；健康是人类自我觉醒的重要方面；健康是生命存在的最佳状态，有着丰富深蕴的内涵。在具体的衡量标准上，世界卫生组织为健康确定了10条准则：

（1）精力充沛，能从容不迫地应付日常生活和工作；

（2）处事乐观，态度积极，乐于承担任务，不挑剔；

（3）善于休息，睡眠良好；

（4）应变能力强，能适应各种环境变化；

（5）对一般感冒和传染病有一定的抵抗力；

（6）体重适当，体态均匀，身体各部位比例协调；

（7）眼睛明亮，反应敏锐，眼睑不发炎；

（8）牙齿洁白，无缺损，无疼痛感，牙龈正常，无蛀牙；

（9）头发光洁，无头屑；

（10）肌肤有光泽，有弹性，走路轻松，有活力。

所以也就是说，健康的人要有强壮的体魄和乐观向上的精神状态，并能与其所处的社会及自然环境保持协调的关系。

【解析】

操作建议

1. 为更好地说明健康的重要性，也可在此处插入一个叫作“人生最宝贵”的小活动，要求如下：

（1）请干预对象拿出一张白纸和一支笔，写出人生之中对于他来说最重要的五项东西，如金钱、爱情、事业等。

(2) 待干预对象写完之后，要求其首先划掉一个，然后着重体会其失去的感受。

(3) 其他以此类推，不断地划掉，最后剩下一个，看看是什么？

2. 结合上述过程，进一步阐释健康的重要性。

中医经典《黄帝内经》开篇即明确了健康的概念，它认为，一个健康的人必须在天时、人事、精神方面保持适当的和有层次的协调。按照《黄帝内经》的观点，我们所言的健康人，其实只能算是“常人”，而一个真正健康的人应该符合以下三个条件：

合天时，“处天地之和，从八风之理，法于阴阳，和于术数”；

合人事，“适嗜欲于世俗之间，无恚嗔之心，行不欲离于世，被服章，举不欲观于俗，外不劳形于事，内无思想之患，以恬愉为务，以自得为功”；

养肾惜精，“志闲而少欲，心安而不惧，形劳而不倦，恬淡虚无，真气从之，精神内守，病安从来”。

因此，生理的健康仅仅是健康最基本的方面，我们还需要关注心理健康、社会健康等。

健康是人类生存之本。如果一个人的健康受到威胁，很难想象他会快乐。纵使他富可敌国、优秀杰出、英武风流，可是没有什么能等同他的健康那么真实、有力度。

健康像光芒四射的太阳，像温暖和煦的春风，像香飘四溢的鲜花，像和谐美妙的乐章。拥有健康，就像拥有太阳、拥有春天和拥有动人的乐谱一样，萎靡在它面前颤抖，孱弱从它面前消失，晦暗在它面前无影无踪。

拥有健康，金钱缺少了一个流失的借口，命运减少了一出最短的剧目，懒惰没有了藏身的去处。

拥有健康，便拥有了一份豪迈；拥有健康，便拥有了搏击人生的资本。要热爱健康，因为健康，胸中总是充满着理想；因为健康，困难变成了生活的调料、人生的游乐场；因为健康，富裕的明天、美好的未来、灿烂的记忆、温馨的梦想都随时可以在心中激荡。

健康从来都是以胜利者的姿态出现，它从不用怜悯的声音祈祷，从不流露乞求的目光。在公平的竞技场上，健康是取得胜利的第一优势。在人生的赛场上，健康是取得胜利的第一保障。没有健康的支撑，即使是平坦的道路，也难以走到尽头。只有拥有了健康，哪怕是坎坷的山道，也能爬上高高的顶峰。

健康是一个人事业发展的基础，也是身心发展的需求。忽视健康就是忽视自己的前途、藐视生命的要求。那些体质柔弱、思维懒惰、精神萎靡，经不起摔打的人，自然不会被邀请进这艘命运的巨轮。只有不断强身健体，增强适应力，才能避免被环境淘汰。

健康是人生的根基，如果有谁轻视健康，就是轻视自己存在的价值。健康是生命的奢侈品，生命的美好教人尊重健康的基本规律。如果不尊重健康的教义，纵使你位高权重、地位显赫，纵使你学贯中西、才华横溢，在你收获辉煌的同时，还将会收到一份健康的罚单。常常会听到这样的追忆，某位科学家英年早逝，其研究成果无与伦比……

为什么让不健康给美好的人生、壮丽的事业画上休止符？为什么让不健康给社会、家庭带来遗憾和痛楚？

有人说过，健康、财富、爱情、智慧、事业和生命，这些就像我们在攀登人生的过程中一个一个台阶，我们中的每一个人，都在拼命地去追求这些东西，努力地去攀登。但这些台阶当中，健康与生命，永远是这些台阶的基石。

所以珍惜生命、关爱健康永远是我们人生的主题。

热爱健康吧，它会围绕你的左右；重视健康吧，它将伴随你的一生。

三、体验环节

操作建议

1. 最好能够以团体的形式来进行。
2. 动员团体成员以扮演的方式来展现生活中情绪对健康的影响。

拓展小活动：情绪表演心理剧

步骤：

1. 设置情景。如：有人故意撞到了你；别人弄坏了你的东西；被人嘲笑等等。

2. 角色扮演。请团体成员分别就场景进行有创造性的扮演。

3. 讨论：

（1）在碰到以上各情景时，你会有何种情绪产生？

（2）如果有不适当的情绪反应，会有什么结果，从自己与别人两个方面进行分析。

（3）你能就自己在日常生活中因不适当的情绪反应造成不良后果的情形举例吗？

（4）如有可能，可在拓展活动之后，要求干预人员书写活动反思。

【解析】

操作建议

1. 本环节是为了能够更好地说明情绪与健康之间的关系而设计的。
2. 在解析时，应该注意引导干预对象感受体验情绪的生理反应。

我们都知道，好心情可以给人带来一天的快乐，而天天都有好心情是每个人的愿望，身心健康的重要心理条件就是稳定的愉快情绪。因此，培养良好情绪能够增强身心健康，使得自己面对生活更加乐观、自信，这样才会健康长寿。

心情能够影响我们的健康，原因在于情绪与我们的身体生理有直接的联系。在刚刚的活动中，当我们展示各种情绪的时候，你有没有注意到你身体的各种变化呢？

中医认为疾病是由于外感“六淫”和内伤“七情”而引发的。前者是外因，后者是内因，外因要通过内因引起作用。“六淫”是指自然条件的变化，即风、寒、暑、湿、燥、火；“七情”是指情绪的变化，即喜、怒、忧、思、悲、恐、惊。在《黄帝内经》中，对情绪与身体之间的关系有更加具体的描述——怒伤肝，喜伤心，思伤脾，忧伤肺，恐伤肾。

怒伤肝：怒则气上，伤及肝而出现闷闷不乐、烦躁易怒、头昏目眩等，亦是诱发高血压、冠心病、胃溃疡等疾病的重要原因。

喜伤心：喜可使气血流通、肌肉放松，易于恢复身体疲劳。但欢喜太过，则损伤心气。

思伤脾：中医认为，“思则气结”。由于思虑过度，使神经系统功能失调，消化液分泌减少，会出现食欲不振、呆讷食少、形容憔悴、气短、神疲力乏、郁闷不舒等症状。

忧伤肺：忧是与肺有密切牵连的情志。人在极度忧伤时，会伤及肺，出现干咳、气短、咯血、音哑及呼吸频率改变、呼吸功能受损等。《红楼梦》中多愁善感的林黛玉，就是一个很好的证明。

恐伤肾：惊恐可干扰神经系统，出现耳鸣、耳聋、头晕，并可置人于死地。民间常说“吓死人”，就是因为恐则气下。

现代医学心理学对情绪的研究，也揭示了心身疾病中情绪的负性作用机制，许多疾病都与人的情绪有关，日常生活中紧张、焦虑、压抑、烦恼、忧愁、失望等消极情绪体验的日积月累是导致一些疾病的主要原因，影响人们的心理生理健康。

（1）情绪与高血压、冠心病。一些不良情绪如忧虑、恐惧、愤怒等情绪都可导致血压升高，而剧烈、长期的忧虑、紧张，会使中枢神经系统的功能紊乱，内分泌功能紊乱，血容量增加，血压进一步升高。更为严重的是，暴怒导致红细胞数目激增，血液凝固加快，心跳速度加快，血压也会急剧上升，这种情况可能引起严重的后果。血压过高，脑血管可能破裂；血液凝固过快，会导致脑血栓；心脏冠状动脉紧缩，可导致冠心病、冠状动脉闭塞，甚至引起猝死。

（2）情绪与消化系统疾病。对人和动物的实验研究表明，当人抑郁或悲哀时，胃蠕动消失，胃黏膜因血管收缩而变得苍白，胃液分泌减少，酸度降低，吃进的食物不能被消化，引起消化不良。当人紧张、愤怒或焦虑时，胃蠕动加剧，胃黏膜充血变红，胃液分泌增多，胃酸含量高，常导致胃溃疡。据美国医学院调查表明，在500多名胃病患者中，因情绪不良致病的达74%。

（3）情绪与偏头痛、神经性皮炎。经常的忧虑、焦虑、烦恼或穷思竭虑等不愉快的情绪常常引起肌肉紧收，这种状态持续过久，会使某些部位的肌肉如肩部或颈部肌肉发生风湿痛或纤维组织炎症。肌肉血管内痉挛，尤其是颅内外中型血管对情绪刺激有高度的敏感性，这些部位的血管收缩引起头痛，就是“偏头痛”症。微细血管在皮肤表层下常因收缩而有少量血清从血管薄壁中挤出，久而久之，血清积累在表皮组织中，逐渐引起皮肤呈现硬块和红肿，有液体渗出，脱落鳞屑并结痂，这就是神经性皮炎。

（4）大脑皮层兴奋与抑制的失调，从而使机体的内分泌功能发生紊乱，免疫功能受到抑制，肾上腺皮质激素分泌增加，致使抗体数减少，胸腺淋巴组织退化，血液中淋巴细胞数减少，细胞免疫功能下降，从而损伤免疫系统的抗感染力，增加机体感染疾病的机会。

（5）情绪与癌症。研究表明，消极不良情绪，如焦虑、紧张的长期过度刺激，可破坏免疫系统，使人体内潜伏的恶性细胞急剧增生，诱发癌症。近年来，国外有关癌症的回顾性调查证实了癌症与情绪的关系。1986年，帕克尔在对397例乳腺癌患者进行调查后发现，亲人亡故引起的长期哀伤是发病前的主要情绪状态。贝利奥卡斯等对癌症病人的情绪状态进行研究后认为，重大生活事件造成的紧张压力，使个体产生绝望的情绪体验，是导致癌症的主要因素。

另外，情绪与糖尿病、内分泌系统疾病、哮喘病等也密切相关。这些不良情绪都会影响人们的身心健康。

因此，情绪应该控制在一定的适当范围之内，同时，要注意负性情绪的危害，学会对情绪的有效调节。

四、提升环节

操作建议

1. 在上一个活动中，我们认识到情绪能够影响人的生理，但实际上，人也可以主动地通过行为反过来影响情绪。这个环节正是要来完成这个体验。

2. 在拓展活动之前，插入对情绪的认知和学习。可通过向干预对象出示各种典型情绪照片，要求其识别并用脸部与身体行为表现出这种情绪来。待干预对象能够积极主动参加这个小活动后，再进行拓展活动。

拓展活动：镜中人

步骤：

1. 学员两两一组，一方做出各种表情，另一方作为镜子模仿。时间为2分钟左右。

2. 双方互换角色。

3. 学员围绕刚才的活动讨论分享：

（1）看到“镜子”的表情，你有什么感受？

（2）情绪会传染吗？

（3）在努力做各种或者模仿各种表情时，你的情绪有变化吗？

【解析】

心理学的研究表明，情绪不仅可以影响人的行为，反过来行为也可以影响人的情绪。

情绪不可能被完全消灭，但可以进行有效疏导、有效管理、适度控制。我们可以通过以下几个步骤来实施：

1. 觉察情绪

要管理情绪，首先要能觉察到情绪。譬如你上山打老虎，如果你不知道老虎是什么样子，可能只是打到只兔子就大声嚷嚷打着老虎了。

所以，情绪管理第一步，就是能觉察自己的情绪是什么，是愤怒？是焦虑？是忧伤？是委屈？是失落……

2. 接纳正常的情绪

健康情绪不是指时刻处于阳光状态，而是你所表现出的情绪应与你所遇到的事件呈现出一致性。如果你考试不理想了，那么你失落就是正常的；如果你遇到可怕的东西，那么你恐惧是正常的；如果你的亲人离世了，那么你悲伤是正常的；如果你被误会了，那么你愤怒和委屈是正常的。

所以，当你的情绪体验符合客观事件时，第一时间暗示自己：我现在的情绪是正常的。这样一暗示，情绪张力就会下降，内心自然恢复平静。

很多时候，人的痛苦并不是来源于情绪本身，而是来源于对情绪的抵触。

3. 表达情绪

可能有人会说，我时常在表达啊！据经验来看，我们大部分时候都是通过发泄表达情绪，所以伤己伤人，妨碍沟通。比如当你等你的一个伙伴很久而他却失约时。

如果我们说“你这人怎么这样啊，磨磨蹭蹭”，“你真是太不像话了，言而无信”等，这样的表达一般都趋向于批评、指责对方，主语是“你”，这样会导致沟通无从谈起，容易加剧矛盾，甚至关系破裂。

健康的情绪表达，表达的是自己的情绪，主语是“我”。比如上面的例子，我们可以调整成这样的表达方式：“你怎么没有来，我很担心你”等等。这样对方反而会觉得内疚而抱歉。

4. 情绪的宣泄

（1）转移。将注意力转移到愉快的事情上去。

（2）分离分散你的烦恼，把它们各个击破。不要把这个烦恼与别的烦恼联系起来。不要自寻烦恼，人为地加以放大。具体的烦恼，具体地解决，不要算总账。

（3）弱化。减弱你的烦恼，对于非原则的刺激，我们必须学会紧紧地把住闸门。

操作建议

在情绪管理上，也可结合其他相关教材，编制情绪管理的拓展训练方案。

第二节 认识自我

一、导入环节

操作建议

1. 针对个别干预对象，下述故事可由干预对象自己进行阅读。
2. 针对多名干预对象，可将下述故事做成 PPT，按照编号分页呈现。

五个手指头的故事

（1）五个手指头一直关系很好，可最近有点闹别扭。心里有了别扭，手足之情也不顾了。

（2）老大往往有点盛气凌人，对着他的四个兄弟口沫四溅地说："我是大拇指，数我最辛苦，数我最能干。别看我个子生得矮，可我长得敦实；别看我的模样丑，我的力气最大。每次做事时，你们兄弟几个绑在一起，我一人独当一面。我的贡献最大，可我出力不讨好，我知道，你们肯定背后笑我其貌不扬、老实巴交。你们以为我不知道呀！"

（3）老二也不甘示弱地说："我身子没有老大粗，个子没有老三和老四高，可我是兄弟中最忙的人。你们看，哪一件事少了我？有时你们歇着，我还要指指画画，抠抠点点。我是最辛苦忙碌的人。为什么人们叫我'食指'？那是因为我是觅食之指，生命之指！我如此勤劳，可谁把我高高在上了？老大看不起我不说，连老三老四都认为我比他们矮了半截。你看我窝囊不？"老二很是愤愤不平。

（4）中指也按捺不住激动地说："虽然我鹤立鸡群，位居中心，坐着比你

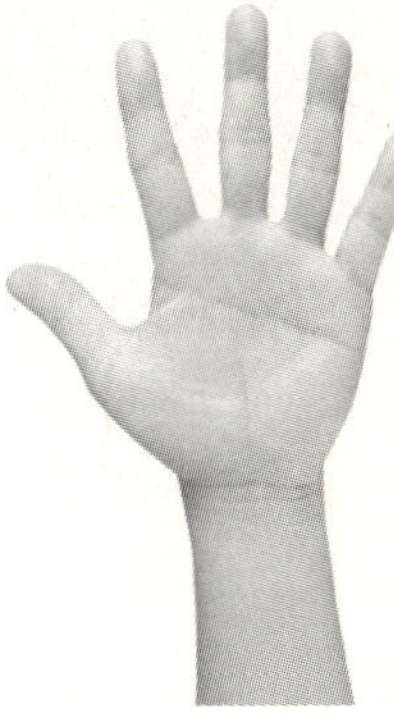

们长，站着比你们高，可你们只把我当作老三。做事时，你们总是让我‘出人头地’，冲在第一线。枪打出头鸟，所以受伤害的往往是我。你们看看，我身上的伤口比你们哪个都多。我伤痕累累，却不能实至名归。要说窝囊，舍我其谁？”

（5）老四笑了笑说：“你们也不要摆功诉苦了，我是一肚子苦水无处倒啊。论个子好歹我也算个老二，论贡献我也尽心尽力。不管怎么说，你们还有个名字，可我呢？连个名字都没有，别人叫我‘无名指’。我无名无利，我图什么呀！不过我只是发泄一下，反正以后我还是会一如既往，你们做什么我也不会拖后腿。”

（6）最后轮到老小说话了：“我不敢在哥哥们面前摆谱，说起来我哪方面都不如兄长，可我就是只知道尽量做好我自己，做事时我有多少力就出多少力，人们说，‘添个公鸡还有四两力’呢。我就那么点能耐，我尽力了。我净沾哥哥们的光，没有哥哥们保护我，我早就完了。平时，我就起个陪衬作用，哥哥们个个都是好样的，都是鲜花，可好花也要我这个绿叶陪衬一下吧。和你们几位兄长开个小玩笑，如果没有我陪衬，也许你们不好意思伸出来见人呢！”

（7）到底谁最重要呢？五个手指争来争去，最终到你这里来讨个说法。

请你思考：

1. 你认为哪个手指最重要？

2. 你如何看待这个故事？

【解析】

操作建议

在解析之前，可以请干预对象完成下列小活动，从而更好地对自我进行了解。

小活动：画手形图

（1）白纸一张，圆珠笔一支。

（2）要求将自己的手放在白纸上，用圆珠笔描出手形。

(3) 讨论：你看到了什么？你想到了什么？

其实，这双手就可以代表我们自己，借助这双手我们还能认识自己。

瞧！五个手指各有长短，就如我们人一样。

大拇指用处最大，做任何事都少不了它，于是，它代表我们最突出的特点；食指，主要是劳动者，关灯按钮点击都少不了它，所以它代表自己最欣赏的优点；中指最长，所以象征我们的特长爱好；无名指看似不起眼，却最重要，五个手指中，唯一连通心脏的血脉就在它身上，而人们常常把自己最珍贵的钻石戒指戴在无名指上，它意味着我们身上最宝贵的品质；至于小指，一般是辅助功能，好比我们身上的缺点和不足。

但一个手指不是手，手是所有手指的统合。所以，我们再给故事加上一个结尾：

老五的话，一下子把大家都逗笑了。也许是小老弟的低姿态让几个做哥哥的自惭形秽，也许是他们悟出了一点什么，也许是小老弟的话让他们觉得一个也不能少，谁也离不开谁，他们都想去亲近老五，因此，五个指头形成了一个坚强有力的拳头。

二、知识呈现环节

自我同一性

自我同一性是心理学家埃里克森的人格理论中重要的概念之一。

自我同一性是一种关于自己是谁，在社会上应占什么地位，将来准备成为什么样的人以及怎样努力成为理想中的人等一连串的感知。与自我同一性相对应的则是角色混乱，角色混乱是指无法正确认识自己、自己的职责、自己承担的角色，主要表现为不能选择生活角色。

将同一性状态细化，可分为四种类型：同一性获得、同一性延缓、同一性早闭、同一性扩散。

同一性获得，是同一性发展中最成熟的状态。同一性获得指经过积极的自我探索与思考，已经明确了个人的价值观、目标、发展方向和生活的意义，获得了内在的成长动力。处于这种状态的人通常是思想成熟、喜欢思考的人，表现出较高的自主和自尊水平，具有较强的自我发展潜力，能对生活中的重要问题进行积极探索，主动解决成长中的困扰，主动适应外部的环境变化。因而，能够不断战胜成长中的各种挫折，以积极的心态向人生的目标迈进。

同一性延缓，指正处于积极的自我探索之中，他们试图从无数的可能性中对个人的职业、价值观、人际关系等方面做出选择，但还没有达到最后决断性投入的一种状态。他们往往具有较高的焦虑水平，并通过拒绝、发泄和认同来控制焦虑。此外，还表现出对经验高水平的开放性。

生活中常常会见到这样的人，因为不知道如何为自己定位，不知道自己未来的发展方向在哪里而感到迷茫和困惑。延缓期对于很多人来说是难以避免的，因为他们必须从多种选择中确定自己的生活方式。尤其是在社会转型阶段，由于旧的价值体系被打乱，新的价值体系还没有完全确立，使青年的自我同一性受到多方面的影响，难以获得价值观、信念和行为的内在一致性，需要经历较长时间的探索。

同一性早闭，指对同一性的探索提前结束，他们没有对有关自我发展的重大问题进行过思考，对自我投入的目标、价值、信仰反映了父母或其他权威人物的希望。

心理学家认为，同一性早闭是一种较低级的同一性状态。作为同一性的一种解决方法，处于这种状态的人很少思考认定的选择是否适合自己，通常只采纳来自父母的唯一的一套价值观和目标体系。这是同一性形成过程中的一种中断，是过早地将一个人的自我意象固定化，从而阻碍自我确定的其他可能性的发展。

处于同一性早闭状态的人具有以下的特点：过分看重别人对自己的看法，极力寻求他人的认可，可能十分尊重权威；自我评价建立在他人所承认的基础上；与其他青少年相比，较易附和他人而缺少自主性；对传统的价值观感兴趣，但很少会自己思考，在遇到紧张的认知任务时，难以做出灵活、合适的反应；喜欢有组织有秩序的生活；倾向于与父母保持密切的关系，并采纳父母的价值观，如高考志愿的选择、职业的选择、异性朋友的选择等。在权威结构下，他们的投入程度比较高，往往表现得非常努力，是教师或者家长眼中的“好学生”“好孩子”。由于父辈的价值体系往往会与现实存在差异，一旦生活的航向脱离了原有的权威系统，当以独立的身份开始自己的人生之旅时，由于缺乏自主探索的精神，通常会表现出高水平的专制性、低水平的自主性和外控的行为方式。他们往往使用防御性的自恋来维持自尊，因此在未来的成长中可能会经历更多的内心冲突。

同一性扩散是最不成熟的状态，处于这种状态的人对自己的探索是肤浅的，或者根本就没有对自己进行过探索，并缺乏对明确价值观和目标的投入。他们或是不能理解自己，对自我缺乏清晰的同一感，自我评价偏低，自尊心不足；或是因自我认识和别人对自己的认识不一致，而产生困惑和苦闷的情绪；或是对生活与工作缺乏热情，生命价值迷失，难以承担自己生活的责任等。如果出现自我同一性扩散，就会迷失个人方向，失去进取精神，造成精神没有支柱，生活没有目标，前行没有动力，出现退缩、自卑、消极等不良人格特征，导致人际交往障碍，甚至对社会的主导价值表示怀疑，成为社会的不和谐因素。

操作建议

1. 在呈现上述材料之后，引导干预对象对照上述内容对自己进行分析，判断自己处于哪一种自我同一性类型。

2. 咨询师根据干预对象的同一性类型，进一步探索教导方式，有针对性地结合下述解析，对干预对象进行反馈。

【解析】

对自我同一性的思考与建立，是我们成长过程中重要的一个环节，是对自我认知的一种整合，是独立面对这个世界的开始。

自我同一性，并不是认为自己是完美的，而是能够接受自己的不完美，将自己好的一面与不好的一面统合起来。

有学者认为，自我同一性至少包括三个方面的体验：

首先，个体感到自己是一个独特的个体，虽然可能和别人共同完成任务，但也是可以和别人分离的。

其次，自我本身是统一的。自我有一种发展的连续感和相同感，现在的“我”是由童年的“我”发展而来的，将来的“我”还会发展，但是“我”还是“我”。

最后，自我设想的“我”和自己体察到的社会人眼中的“我”是一致的。相信自己的目标以及为达到这个目标所采取的手段是能被社会承认的。

如果年轻人不能达到自我同一性的确立，就有可能引起同一性扩散或消极同一性发展。个体在自我同一性确立的过程中，如果难以忍受这一过程中的孤独状态，或者让别人去把握自己的决定，服从别人的意见，或回避矛盾，拖延决定，就不能正确选择适应社会环境的生活角色。这类个体无法“发现自己”，也不知道自己究竟是什么样的人和想要成为什么样的人。他们没有形成清晰和牢固的自我同一性。

在埃里克森看来，同一性扩散和消极同一性可以解释青少年所表现出来的许多骚乱和攻击现象。因此，他称之为“同一性扩散、混乱的危机”。他指出：“如果儿童感到环境对允许他把下一阶段整合在个人的自我同一性在内的所有表现形式进行彻底剥夺，那么，儿童就会以野兽突然被迫捍卫其生命般地迸发出惊人的力量进行抵抗。的确，在人类生存的社会丛林中，如果没有同一性的意识就没有生存的感觉。”

如果青年人在这个阶段中获得了积极的同一性而不是消极的同一性或同一性扩散，他们就会形成“忠诚”的美德。“忠诚”意味着一个人有能力按照社会规范去生活，尽管它存在着不完善和不和谐之处。这并非要求青少年接受不完善，如果一个人热爱自己所在的社会，当然希望自己所在的社会变得更加美好，但“忠诚”意味着能在既定的现实中找到自己的位置。在这个位置中能奉献自我，实现自己的价值，在有意义于社会的同时也感受自己生活的意义。

由此可以看出，同一性的确立，关系到一个人的健康发展，关系到他能否更好地适应社会，能否体验到自身的价值和人生的意义。

操作建议

1. 如有必要可进一步探索影响自我同一性的重要因素，如父母的教养方式等。

2. 关于中国父母的教养方式，我们可以运用中国式的溺爱这一问题来进行分析。同时，在解析时，应注意引导干预对象从自己作为父母的角度来进一步思考这个问题。

有位家长，听人说孩子有毛病一定要扼杀在摇篮中，所以她从女儿一岁多起就在各方面对孩子进行了严格的管教。在家长的严厉教育下，孩子确实被训练得很乖。但父母却发现，刚刚三岁多的孩子，一方面表现得胆小怕事，到外面都不敢跟小朋友玩；另一方面在家里脾气又很大，且表现出令人不可思议的残忍，比如虐待家里的小猫，用沙发靠垫把小猫捂到半死，看小猫痛苦的样子，她则表现出满足的神情等。

父母不能理解，孩子怎么会这样？

看完这个故事之后，这让我们想起了网络上很火的《虎妈猫爸》。没错，从表面来看，孩子真的很成功，按照父母的标准成长成才。但是孩子有他自己的人生道路，作为家长，我们可以引导，但谁给我们权力来强制孩子呢？

回到上面的故事，如何理解故事中的孩子呢？如果说一个孩子表现出冷酷和残忍，这一定是在生活中体会了太多的冷酷无情，从而在潜移默化当中形成的。

媒体不时地报道家长虐待孩子或子女虐待老人的事件，手段之恶劣，令人发指。同时，追究一些恶性刑事案件的犯罪分子的成长史，几乎都可以看到他们在童年时代受到极端严厉的家庭教育。可以说，几乎所有的极端残忍者，都有一个精神或肉体严重受虐的童年。

看到这里，我们是不是应该对自己教养孩子的方式进行反思呢？之前对于打孩子我们可能是赞成的，觉得要通过树立标准来教育孩子，给孩子设立行为的底线。但读完这个故事之后，我们意识到打孩子实际上是父母的一种强权表现。我们用暴力来纠正我们所不喜欢的孩子的行为，这种行为方式也许就会变成孩子将来的行为模式。

所以，针对这个问题，将孩子作为一个平等对待的主体，尊重对方的独立性，这才是我们作为家长应该有的态度。作为父母，要尝试着去理解孩子，而不是粗暴地用“我想”代替“你想”。

三、体验环节

操作建议

体验环节最好在相互熟悉的小组内部进行。

小活动：自我认识的四重奏

活动规则：

1. 每位成员拿出一张白纸和一支笔，用笔将白纸平均分成4个区域：

A：公开的自我

B：盲目的自我

C：隐秘的自我

D：未知的自我

A4纸如右图所示：

A：公开的自我	B：盲目的自我
C：隐秘的自我	D：未知的自我

2. 公开的自我，也就是透明真实的自我，这部分自己很了解，别人也很了解；盲目的自我，别人看得很清楚，自己却不了解；隐秘的自我，是自己了解但别人不了解的部分；未知的自我，是别人和自己都不了解的潜在部分，通过一些契机可以激发出来。

3. 每位成员写完后，小组内先进行分享，然后每组派出一名代表上台进行大组分享。

4. 思考：

（1）你能给大家说说你的4个区域分别写了什么吗？

（2）你认为哪些自我对你现在的生活有较大的影响？它们是如何影响

你的?

（3）你从这4个自我中学到了什么？将来会怎么去做？

【解析】

雅典有座达尔菲阿波罗神庙，庙门门廊的一块石碑上刻着一句警世名言：“认识你自己。”这是两千多年前，伟大的思想家苏格拉底提出的口号，这句话的含义是认识自己最难，而一个人对社会贡献的大小，往往同这个人对自己认识的广度、深度、准确度成正比。

如何来认识自己呢？先来看看一个记载在《圣经新约》中的故事。一群自以为合乎神的人，捉住一个犯罪的女人，问耶稣：“这女人犯了罪，按律法，应该用石头打死她，你说该怎么办呢？”耶稣不答，弯腰用指头在地上写字。那些人还是不住地追问耶稣，想要抓住耶稣的错误。这时候，耶稣直起腰来，说了一句话：“你们中间谁是没有罪的，就可以先拿石头打她。”又弯腰在地上写字。那些人听了，愣了一下，从老到少一个一个地都出去了。

耶稣答非所问，却击中要害，点到了人性的盲点上。

我们总是习惯于注意外界，关注别人的缺点与不足，却忽略了自我内省。自省就是反观自我，查验自己的内心深处到底是什么，是善是恶，是对是错，是正是邪，是悟是迷。人要看清、抓住别人的缺点不难，要看清自己的缺点，却需要深刻的自省。唯有自省，能让人放弃对外物的追逐，返回内心，面对真实的自己；唯有自省，能使人深刻查究自己的错误，认识自己；唯有自省，才能让人明确前面的方向，不致迷失。

人若缺少自省，便会昏昧，难以察觉错误，更难以从错误中走出。古往今来，一切圣贤，都极其重视自省。苏格拉底特别注重自省，他说：“认识你自己。”未经省察的人生没有价值。

唐太宗有一句名言：“以人为镜，可以知得失。”其实，每个人都有更重要的一面镜子，就是自己的内心。例如大哲学家康德说：“世上有两样东西最使我敬畏，那就是头上的星空和心中的道德律。”明代大哲学家王阳明提出要“致良知”，即提倡人人都要将内心的道德意识付诸实践，做到

"知行合一"。

以自己内心的道德律或者良知为镜，反省自己的行为，就可以查验到自己的得失，这比"以人为镜"更加方便，更加有效。没有自省的人，心灵的境界不可能登高望远。自省能使人从歧途走向正路，由弱者成为强者，从缺陷走向完善。自省是智慧的开端，是智慧人生不可缺少的随身利器。

四、提升环节

小活动：我的自画像——昨天、今天、明天

活动要求：

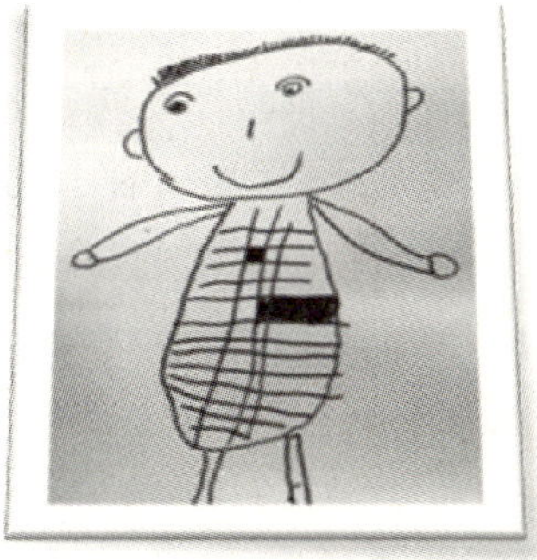

1. 以个人为单位，每人发 A4 白纸一张，铅笔一支。

2. 要求每个人以"过去的我""现在的我"以及"将来的我"为主题进行创作。

3. 在画纸的隔离区域，对自我分别写一段评价的话语。

4. 对比三幅图画创作的不同。

操作建议

1. 在这一环节，不要求画功，只要求按照自己的想法将过去的、现在的"我"先画出来。

2. 请干预对象对过去与现在的两幅作品进行分析，对比其不同。

3. 根据咨询师的要求，引导干预对象对将来的自己进行绘画。

【解析】

美国斯坦福大学曾经进行了一项研究，让大学生给叛逆的中学生当笔友。研究人员让大学生在书信中鼓励中学生说，自己也曾在学校里挣扎过，但最后坚持下来了，取得了学业上的成功。他们要强调天生的能力不是固定的，而是具有发展的潜能，例如一个人的 IQ 可以通过后天的学习来得到提高。这些信能否让"问题学生"从叛逆中转变？也许吧。但事实上这些信件没有寄出，因为实验的目的是看看写信本身对大学生的影响。几个月以后，这些大学生与其他大学生相比，更享受校园生活，成绩也变得更好。

香港的一项研究显示，改变对自己的看法并不难。研究人员让参加实验的两批学生各读一篇文章，一篇说智力是不变的，另一篇说智力是可变的。读了智力固定论的学生受到引导，后来在遇到困难时既不再坚持，也不愿意接受新的挑战。读了智力可变论的学生则显示出相当的韧性，不断努力改善自我。

从这些实验可以看到，把自我看成是静止、固定的，在遇到挫折的时候就会为自己找理由辩护，甚至自我欺骗。

因此，当我们接受了“我是谁”是可以改变的这样一个观点之后，自我的发展就变得截然不同，因为“我是谁”最终的决定权由“我”不由天。

要永远记住以下的建议：

（1）面对失败时，记得自我是具有弹性的。

（2）关注自己的努力，关注可控制的因素，而不是抱着一成不变的心态。

（3）抛弃“我不是一个聪明、善良的人”之类的想法。

关于暗示对我们的影响，有一个非常著名的现象，叫作罗森塔尔效应。

1960 年，哈佛大学的罗森塔尔博士曾在加利福尼亚州的一所学校做过一个著名的实验。

新学期，校长对两位教师说：“根据过去三四年来的教学表现，你们是本校最好的教师。为了奖励你们，今年学校特地挑选了一些聪明的学生给你们教。记住，这些学生的智商比同龄的孩子都要高。”校长再三叮嘱：要像平常一样教他们，不要让孩子或家长知道他们是被特意挑选出来的。

这两位教师非常高兴，更加努力教学了。

我们来看一下结果：一年之后，这两个班级的学生成绩是全校中最优秀的，甚至比其他班学生的分数值高出好几倍。

知道结果后，校长不好意思地告诉这两位教师真相：他们所教的这些学生智商并不比别的学生高。这两位教师哪里会料到事情是这样的，只得庆幸是自己教得好了。

随后，校长又告诉他们

另一个真相：他们两个也不是之前所说的本校最好的教师，而是在教师中随机抽出来的。

如何来解释这种现象呢？正是学校对教师的期待，教师对学生的期待，才使教师和学生都产生了一种努力改变自我、完善自我的进步动力。这种企盼将美好的愿望变成现实的心理，在心理学上称为“期待效应”。它表明：每一个人都有可能成功，但是能不能成功，取决于自己以及周围的人能不能像对待成功人士那样爱他、期望他、教育他。

所以，我们能变成什么样子，在很大程度上在于我们希望自己变成什么样子。

第三节　生命意义的寻求

一、导入环节

黄继光堵枪眼

1952 年 10 月，上甘岭战役打响了。这是朝鲜战场上最激烈的一次阵地战。

黄继光所在的营已经持续战斗了四天四夜，第五天夜晚接到上级的命令，要在黎明之前夺下被敌人占领的 597 高地。

进攻开始了，大炮在轰鸣。战士们占领了一个又一个山头，就要到达 597 高地的主峰了。突然，敌人一个火力点凶猛地射击起来。战士们屡次突击，都被比雨点还密的枪弹压了回来。

东方升起了启明星，指导员看看表，已经四点多了。如果不尽快摧毁这个火力点，在黎明前就攻不下 597 高地的主峰，已经夺得的那些地方就会全部得而复失。

黄继光愤怒地注视着敌人的火力点，转过身来坚定地对指导员说：“指导员，请把这个任务交给我吧！”指导员紧握着黄继光的手，说：“好，我相信你一定能完成这个光荣而艰巨的任务。”

黄继光带上两个战士，拿了手雷，喊了一声：“让祖国人民听我们胜利的消息吧！”便向敌人的火力点爬去。

敌人发现他们了。几发照明弹升上天空，黑夜变成了白天。炮弹在他们周围爆炸。他们冒着浓烟，冒着烈火，匍匐前进。一个战士牺牲了，另一个战士也负伤了。摧毁火力点的重任落在了黄继光一个人的肩上。

火力点里的敌人把机枪对准黄继光，子弹像冰雹一样射过来。黄继光肩上、腿上都负了伤。他用尽全身的力气，更加顽强地向前爬，还有 20 米，10 米……近了，更近了。

啊！黄继光突然站起来了！在枪林弹雨中站起来了！他举起右臂，手雷在探照灯的光亮中闪闪发光。

轰！敌人的火力点塌了半边，黄继光晕倒了。战士们赶紧冲上去，不料才冲到半路，敌人的机枪又叫起来，战士们被压在山坡上。

天快亮了，规定的时间马上到了。指导员正在着急，只见黄继光又站起来了！他张开双臂，向喷射着火舌的火力点猛扑上去，用自己的胸膛堵住了敌人的枪口。

“冲啊！为黄继光报仇！”喊声惊天动地。战士们像海涛一样向上冲，占领了 597 高地，消灭了阵地上的全部敌人。

操作建议

1. 黄继光堵枪眼的故事，我们都很熟悉。除此之外，也可多举一些类似的例子，如董存瑞炸碉堡、南沙群岛军民守岛等。

2. 这个例子中，关键在于动员干预对象对黄继光为什么要牺牲自己堵枪眼这个问题进行反思，并进行发言。

3. 在进行团体解析时，也可使用 PPT 按照编码分页展示。

【解析】

（1）在一定的社会环境中，在人的意识支配下，按照一定的规范进行并取得一定结果的活动即是行为。行为的主体是人；行为是在人的意识支配下的活动，具有一定的目的性、方向性及预见性。行为与一定的客体相联系，作用于一定的对象，其结果与行为的动机、目的有一定的内在联系。

我们会产生各种行为，同时也确信在其背后一定有相应的原因来驱动它们的产生。那么，这个原因是什么呢？行为科学研究表明，人的行为是由动机产生，而动机则是由内在的需要和外来的刺激引起的。一般来说，人的行为是在某种动机的驱使下达到某一目标的过程。因此，在某种程度上可以说，有什么样的动机就会产生什么样的行为。

毛主席在《为人民服务》一文中写道：人总是要死的，但死的意义有不同。中国古时候有个文学家叫作司马迁的说过："人固有一死，或重于泰山，或轻于鸿毛。"为人民利益而死，就比泰山还重；替法西斯卖力，替剥削人民和压迫人民的人去死，就比鸿毛还轻。这正是从不同的动机出发做出的不同选择。

而不同人之所以具有不同的动机，归根结底就在于对生命意义思考的不同。

（2）我是谁？我从哪里来？我到哪里去？这被誉为人生的终极三问。很多人在某一时刻，都问过自己这个问题，也许有人很幸运地找到了问题的答案，也许很多人随着时间的流逝，对这些问题的兴趣消失了。但不管如何，当我们重新问起这些问题时，我们又再一次激起了对生命的思考。

（3）一个人自呱呱坠地那一刻起，人世间的烦恼便开始包围住他。

襁褓中因饥饿而嗷嗷求饱，因寒冷而哇哇求暖。

孩提时因要玩具而哭闹，因受不公平对待而委屈，因与伙伴们争吵而伤心，因家贫受侮而难过。

到了少年转青年的阶段，经了些世事，受了些挫折，头脑中的问题一天比一天多，开始质疑友情，怀疑爱情，抨击权力，憎恶金钱，痛恨战争。

（4）由此而引发出一系列每个人都在探求、想解决却无处寻找答案的形而上的问题——我是谁？我从哪里来？我到哪里去？我活着是为什么？一言以蔽之，就是人生终极意义究竟是什么。

这个问题没有解决，人生的烦恼就永远像毒蛇一样紧紧地纠缠你，你排遣不了，摆脱不了，躲避不了。纵使你所认定的事业整整一生都如日中天，挣来的钱财仓斗难量，亲情、友情、爱情像春风秋日般荡漾朗照在你身边，但是，在你满怀眷恋的弥留之际，人生终极意义的问题又会像潜伏已久的幽灵一样浮现在你心头：我来到这世间，就这么走了一遭，为什么走这一遭呢？

那时再思考已时日无多，你将带着一个巨大的人生问号走进坟墓，那种悲哀，痛过离世！

（5）我从哪里来？我们可能在两三岁时就开始拉着妈妈的衣角不断地追问了。那时候，也许只是受到鸡蛋是鸡生下的，小草从地里钻出来的启发，便想知道自己是从什么地方来的，并没有追问人生的想法。妈妈也不会从这方面回答这个问题，今天告诉你是从天上掉下来的，明天告诉你是从她腋窝下取出来的。

（6）突然你又问妈妈："人为什么要死？"妈妈就瞪着眼睛呵斥你："小孩子不许乱问！"就这样你混混沌沌地吃啊、玩啊、睡啊，忘记了这些问题。

（7）你又何曾想到，自认为已经长大的你，在某时又莫名其妙地提出这个问题来了，而且多问了一个，我活着是为了什么？

很多人告诉你五花八门的答案，可你也许并不认同，你苦苦地思考，不停地追问，但问题的答案就像天边的云彩，可望却不可即。

等到你走出社会，面对着实实在在的生存问题时，这些问题就又被搁置了，只是它时不时会从心底冒出来，又被你懒懒地按了下去。或许你终生找不到一个满意的答案。有人却倾其毕生精力探索，试图为人们指明一条道路，让大家随着他的思想火炬前进。由此催生了许多哲学家、思想家。

（8）活着到底是为了什么？

（9）是为了金钱？古人早就得出了大家公认的结论：钱是身外之物，生不带来，死不带去。古人说，屋大只睡一张床，肚大只容一升米，到头来，两脚一蹬，两眼一闭，何处找寻这些蠢物？

（10）是为了亲情、友情、爱情？百年之后，音容杳无，情归何处？

（11）是为了功名、建功立业、光宗耀祖？很多人的的确确在努力追求着，但是这能长久吗？谁也回答不了。看着这世界上的一批批植物一天一天地灭绝，一群群动物一年一年地消亡，高山化为盆地，沧海变成桑田，想想我们地球，能够逃脱大自然万物终归消亡的命运吗？

（12）以上所言，实乃老生常谈。曹雪芹一首《好了歌》道出了人生终极真义：

世人都晓神仙好，唯有功名忘不了；古今将相在何方？荒冢一堆草没了。
世人都晓神仙好，只有金银忘不了；终朝只恨聚无多，等到多时眼闭了。
世人都晓神仙好，只有娇妻忘不了；君生日日说恩情，君死又随人去了。
世人都晓神仙好，只有儿孙忘不了；痴心父母古来多，孝顺儿孙谁见了？

（13）至于曹雪芹的“陋室空堂，当年笏满床”一段，更是道破人生玄机：

陋室空堂，当年笏满床；衰草枯杨，曾为歌舞场。

蛛丝儿结满雕梁，绿纱今又糊在篷窗上。

说什么脂正浓，粉正香，如何两鬓又成霜？

昨日黄土陇头埋白骨，今宵红绡帐底卧鸳鸯。

金满箱，银满箱，转眼乞丐人皆谤。

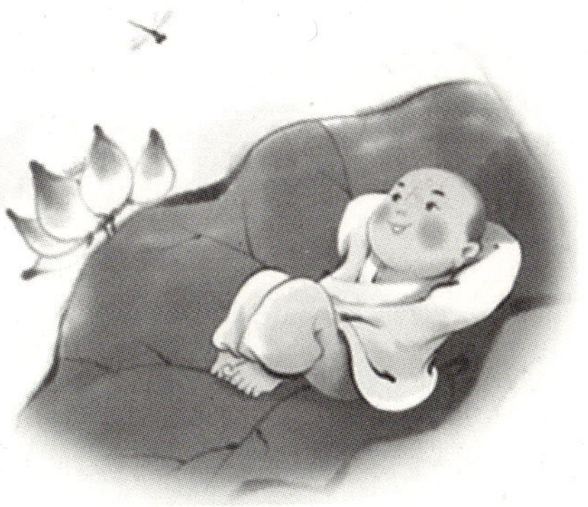

正叹他人命不长，哪知自己归来丧！
训有方，保不定日后作强梁。
择膏粱，谁承望流落烟花巷！
因嫌纱帽小，致使锁枷扛；昨怜破袄寒，今嫌紫蟒长。
乱哄哄你方唱罢我登场，反认他乡是故乡。
甚荒唐，到头来都是为他人作嫁衣裳！

（14）反思种种，我们会在某种程度上得出：人生的意义就体现在过程。所以，只要我们设定了这个目的，是金钱、是爱情、是友情、是功名，都没关系，只要我们努力过、奋斗过、创造过，人生就不虚此行。

关于苏格拉底有这样一个故事。学生问苏格拉底：“人生是什么？”他让学生们从一个果园中走过，每人要挑选一颗这个果园中最大的苹果，但不许走回头路也不许选择两次。大家回来后，他问：“满意吗？”学生们说：“让我们再选择一次吧，我们要么选早了，后面又有更大的；要么选晚了，漏过了最大的。”苏格拉底笑了笑说：“这就是人生，人生就是一次无法重复的选择。”

我们对人生的思考，归根结底，就是通过反思，进一步修正我们现在的方向，从而能够为自己的生命负责，让自己的生命能够在短短几十年中活出自身的价值。

操作建议

1. 此部分内容太过于说理，有可能导致干预对象对此欠缺理解。

2. 因此，此处可插入永暑岛官兵守岛的故事。故事如下：

1987年3月，联合国教科文组织委托中国在南沙群岛建立第74号海洋观察站。1988年1月31日，中国军队6名官兵驾驶小艇登上永暑礁，插上了第一面五星红旗。在随后3月爆发的赤瓜礁海战中，中国战胜越南，控制了南沙群岛的永暑礁、华阳礁、东门礁、南薰礁、渚碧礁、赤瓜礁共6个岛礁，确立了中国对南沙群岛的实际管控。图为1988年9月，中国在永暑礁建造的第一代高脚屋，这个高脚屋建在一平方米宽、海拔一米高的礁石上。由于当时永暑礁没有供施工人员居住的陆地，他们只能住在高脚屋内。高脚屋面积只有10平方米左右，施工人员很少能吃到新鲜蔬菜、食品，条件非常艰苦。但他们没有一个人喊苦喊累，因为在他们心中，为祖国守好边疆就是此生最大的意义。

所以，装上爱心和公德吧，这是我们作为人，作为群居生活的动物心里都认可的准则。努力工作，创造现世美好生活，这也是大家心里都热望的事情。

最后，附送一个故事：

一位老爷爷，他最大的梦想就是开一家理发店。虽然整个人生当中，他不断遇到挫折和变故，如银行倒闭，所有积蓄化为乌有。但是，他从来没有放弃，一次次从头再来，终于，在他79岁生日的时候，实现了自己的梦想。不久，他去世了。但是所有人都相信，这位老爷爷离开时，此生无憾矣。

二、知识呈现环节

马斯洛需要层次理论

马斯洛需要层次理论是行为科学的理论之一，由美国心理学家亚伯拉罕·马斯洛于1943年在《人类激励理论》中提出。书中将人类需要像阶梯一样从低到高按层次分为五种，分别是：生理需要、安全需要、社交需要、尊重需要和自我实现需要。

（1）生理需要。包括对维持生命和延续种族所必需的各种物质生活条件如食物、水分、氧气、性、排泄及休息的需要。生理需要是最基本的，因而也是推动力最强大的需要，在这一级需要未满足之前，其他更高级的需要一般不会起主导作用。

（2）安全需要。指人身安全、职业保障、防止意外事故、经济损失，以及医疗保证、养老保险等。

（3）社交需要（又叫情感和归属的需要）。指建立人与人之间的良好关系，希望得到友谊和爱情，并希望被某一团体接纳为成员，有所归属。

（4）尊重需要。希望他人尊重自己的人格，希望自己的能力和才华得到公正的评价、赞许。要求在团体中确定自己的地位，一种是希望自己有实力、有成就，能胜任工作，并要求有相对的独立和自由；另一种是要求给予荣誉、地位和权力等，要求他人对自己重视并给予高度评价。

（5）自我实现需要。是人类最高层次的需要。希望能胜任与自己的能力相称的工作，发挥最大潜在能力；充分表达个人的情感、思想、愿望、兴趣、能力及意志等，实现自己的理想。

【解析】

在马斯洛看来，人的行为的基本推动力就是各种需要，这些需要又可以从以下角度来进行理解：

（1）五种需要像阶梯一样从低到高，按层次逐级递升，但这个次序不是完全固定的，它们可以变化，也有种种例外情况。

（2）需要层次理论有两个基本出发点，一是人人都有需要，某层次需要获得满足后，另一层需要才出现；二是在多种需要未获满足前，首先满足迫切需要；该需要满足后，后面的需要才显示出其激励作用。

（3）一般来说，某一层次的需要相对满足了，就会向高一层次发展，追求更高一层次的需要就成为驱使行为的动力。相应地，获得基本满足的需要就不再是一种激励力量。

（4）五种需要可以分为两级，其中生理上的需要、安全上的需要和感情上的需要属于低一级的需要，这些需要通过外部条件就可以满足；而尊重的需要和自我实现的需要是高级需要，它们是通过内部因素才能满足的，而且一个人对尊重和自我实现的需要是无止境的。同一时期，一个人可能有几种需要，但每一时期总有一种需要占支配地位，对行为起决定作用。任何一种需要都不会因为更高层次需要的发展而消失。各层次的需要相互依赖和重叠，高层次的需要发展后，低层次的需要仍然存在，只是对行为影响的程度大大减小。

（5）在特殊情况下，也可为了满足高级需要而忍受低级需要的缺失。

三、体验环节

小活动：《墓志铭》

目的：协助干预对象反省个人价值观及了解人生目标。

准备：白纸、笔。

操作建议

1. 介绍练习背景，使参加者投入活动及了解何谓墓志铭。

2. 举例如何写墓志铭。

> 你病情严重，即将离世了，现在要替自己写墓志铭，反映自己的一生。墓志铭将会刻在墓碑上，供人凭吊。
>
> 墓志铭除了生卒年外，至少要包括以下几点：
>
> （1）一生的最大目标。
>
> （2）在不同年纪时的成就。
>
> （3）对社会、家庭或其他人的贡献。
>
> （4）我是一个怎样的人。

3. 分发“墓志铭”表格给参加者填写（可视团体目标或对象，选择写自己的墓志铭或他人的墓志铭）。

4. 将填好的表格张贴起来（可不必写名字），然后讨论。

讨论：看完这么多墓志铭：

1. 你觉得哪些人的人生目标吸引你并值得尊重？为什么？

2. 哪些人的成就是真正的成就？为什么？

3. 你认为对社会或他人最有贡献者是谁？

4. 假若你要替自己重写墓志铭，你会怎么写？

【解析】

向死而生，只有人真正地思考过死亡的来临，才能直面现在的人生。

通过此活动，我们直接跳到了生命的尽头，回过头来看待自己的一生。这个时候，很多人对自己的评价也许是虚度、无聊、空虚等。

之所以会出现这样的状况，是因为我们的目标没有树立。在人生的路上，我们一直在不停地东奔西走，看起来很忙碌，但终究一事无成。

有这样一个故事：父亲和儿子走在雪地里，父亲对儿子说："我们来比赛，看谁在雪地上走出的线最直，以前面的那棵树为终点。"儿子听了就很小心地走，不断注意自己的双脚，把一只脚慢慢放到另一只脚的前面。好不容易走到终点，看到父亲已经先到，他并不觉得意外。但回头一看，大吃一惊，因为父亲走的路比他的直而且比他快。怎么回事？父亲告诉他，如果要走成一条直线，最有效的方法不是光看着脚，而是应该注视着前方的目标。只要眼睛始终不离开大树，就能走成一条直线。

所以，倘若只注意脚下的路，我们永远会被困在当下。唯有始终注视着我们的目标，才能到达成功的彼岸。

志向是茫茫黑夜中的灯塔，它使每一条船避开激流、险滩，安全而迅速地进入成功的港湾。只有制定远大的人生目标，我们才能取得成功。

志向是一种内在的动力，它促使我们每一个人不断地奋力拼搏。有了奋斗目标，我们就有了努力的方向。因为我们知道，要达到这一目标，会经过一些曲折，因此，我们制订计划，这些计划就是一种无形的压力，它会转化为我们努力拼搏的动力。

无数仁人志士，在远大志向的激励下，顽强拼搏，努力奋斗，终于实现了自己的人生目标。越王勾践胸怀灭吴雪耻的志向，卧薪尝胆20余年，终于实现了打败夫差的理想。成吉思汗胸怀统一天下的志向，建立了横跨亚欧大陆的大帝国，称为“一代天骄”，永载史册。周恩来胸怀“为中华崛起而读书”的志向，最后成为伟大的无产阶级革命家……正是因为有着远大的理想，才促使他们成功。

一个人一旦失去了目标，那么，他将一事无成。勾践灭吴之后，失去了奋斗目标，他滥杀忠臣，造成国内动乱，最终被楚国所灭。公元2世纪以后，古罗马统治者变得日益骄奢，逐渐失去了雄心壮志，失去了远大目标，最终导致了古罗马帝国的分裂与西罗马帝国的灭亡。如果一个人失去了理想，失去了奋斗目标，他只能失败。

勃朗宁说过：“雄心壮志是茫茫黑夜里的北斗星。”我们的人生之路难免会进入“黑夜”，误入迷途，而我们的奋斗目标则是耀眼的“北斗星”，指引我们走出“黑夜”，走向成功。

四、提升环节

小活动：生命价值，我来谱写

活动要求：以监狱的书信模板，结合自己的具体情形，进行书信写作，以每月一篇的频率，向家人汇报自己在狱中的活动。

操作建议

在书信模板上，咨询师应该根据干预对象的特点，对书信模板进行设计。设计的基本出发点，在于对干预对象的适合性。要根据干预对象的具体情况，有针对性地引导其发现生活的价值，从不同的角度，对当下的生活进行构建。主要的理论依据可以参考上文中的罗森塔尔效应。

【解析】

在现代社会生活中，我们对人的价值高低的判断，常常以其所获得的成就而定。认识一个人，我们一般这样问：“他是干什么的呢?”而不会问：“他是谁?”我们常常重视他的头衔、工作、职位和社会地位，因为这一切很重要，而对于一个人的最低评价就是一事无成。工作、地位、金钱——还有比这一切更重要的吗？问题就在于：仅仅是这些，就能使人变得幸福吗？

当所有人都把这些作为共同的价值尺度，并以此等同于个人的成就时，在竞争中一步跟不上，往往就会陷入内在的空虚与失望。许多人就在失业、疾病、贫穷等困境的状态中迷失自我，将自己判定成“不中用的人”。但人的价值与尊严真的能够完全由这些来决定吗？某人也许在商场上获得了一些成就，却极度贪婪和气焰逼人，这样的人就特别有价值，特别值得人们尊敬吗？某人尽管贫穷，却在你困难之时雪中送炭，你会因为他贫穷而认定他无价值吗？你会认为他的品质不值得你尊敬吗？

作为一个人，一生成就会有高低，职位会有升降，但人的自身价值与尊严却不应等同于职位、财富、名声。对人的尊严和价值而言，成就既不是充分条件，也不是必要条件。

即使是生长在路边的一丛最平淡无奇的青草，比起那些漂亮的假花，也要卓越得多，因为它有着任何科学家所无法赋予的东西——生命。比起一个爬卧在乡村小屋地板上身患疾病的小孩来，古希腊最美丽的雕像又算得了什么呢？后者虽然是美丽的，却是无生命的。这意味着人的价值与尊严不是靠外在的东西赋予的。

生命的无价值感是一种自挫性的思维，是自己对自己的一种击倒。我们应当用理性的思维来代替那些消极绝望的想法，使人们对人的绩效、价值、尊严获得正确的认知，摆脱追逐名利的社会世俗压力，提供即使在最恶劣的情况下也能支撑人生的力量。这样，就能使人们不仅在成功中，而且也能在失败中，无论健康或患病，有工作能力或无工作能力，都可以骄傲地对自己说：“作为人，我是有价值的！”

价值感能将我们与他人、自然和生活的源泉联系起来，帮助我们超越和拥抱生活。而丧失价值和意义感，则会使人迷恋过去，困惑现在，害怕未来。获得和保持心理的健康，在人的生命中起着重要的作用，也许当所有其他东西都失效时，它仍能支撑起我们的生命。有这样一个故事，“二战”期间，弗兰克曾在德国纳粹的集中营度过了三年的监狱生活，对生命与价值的关注，成为他感悟人生真谛、实现精神成长的重要资源。其中有一个感人至深的场景，是对一位女俘的描述：

这位女俘自知不久于人世，然而当我同她说话，她却显得开朗而健谈。

她说："我很庆幸命运给了我这么重的打击。过去，我习惯了养尊处优，从来不把精神上的成就当一回事。"她指向窗外，又说："那棵树，是我孤独时唯一的朋友。"从窗口望出去，她只看得到那棵树的一根枝丫，枝丫上绽放着两朵花。"我经常对这棵树说话。"我急忙问那棵树有没有回答。

——有的。

——它回答些什么呢？

——它对我说："我在这儿——我在这儿——我就是生命，永恒的生命。"

寥寥数笔，弗兰克的寓意已深蕴其中。

当阴影不再是黑暗，欠缺不再是失败，沮丧不再成为绝望，生命不再畏惧死亡，即使我们真的默默离开世界，一个坟墓又有什么紧要呢？

操作建议

对于生命价值这节，也可以持续引导干预对象通过具体的活动来找寻生命价值的不同理解，如培育一株植物、饲养一个宠物等。

第六章

死亡意念

第一节 与狱友间的人际关系导致的死亡意念

一、导入环节

操作建议

1. 当干预操作针对个别对象时，可将下述故事单独打印在一张白纸上，请其自主完成阅读。如因文化程度问题不能自主阅读，也可由咨询师代为阅读。

2. 当干预对象为多人时，可将下述故事做成PPT，第一页单独呈现一头大象与一个木桩，并向干预对象提出两个问题。第一个问题：大象是不是力大无穷？第二个问题：在马戏团中的大象却能被拴在一根细细的木桩上，为什么？第二页PPT，则呈现下述故事，供干预对象进行阅读。

大象的故事

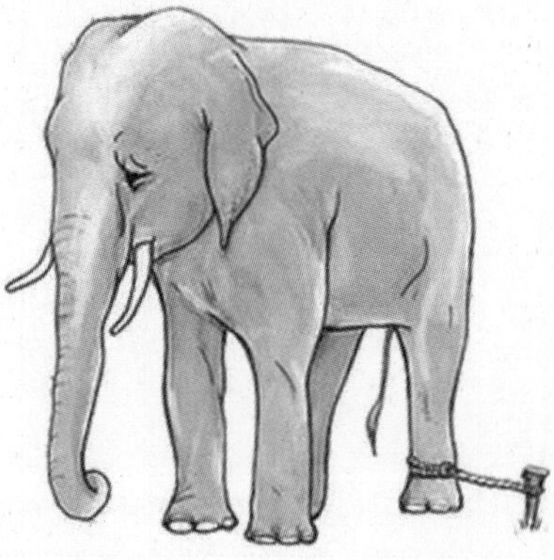

很多人都喜欢看马戏团里的大象表演，都会惊诧于力大无穷的大象怎么能乖乖地被拴在一根细细的木桩上？这到底是怎么做到的呢？

当大象还是小象时，幼年的它远没有成年之后那么强壮。人们用一条绳索把幼年大象拴在一根坚固的木桩上，使它动弹不得。一开始小象当然想摆脱这种困境，但是无论它怎样努力都无济于事。在经历了一段时间的挣扎之后，它放弃了所有的努力。最后，当它成为一头强壮的成年大象时，即使有足够的力气它也不会尝试着去挣脱木桩了，似乎它的内心深处总是有一个声音在说："我做不到！我做不到！"

操作建议

1. 针对个别干预对象，下述思考问题最好由咨询师一个个单独提问，请干预对象进行回答。

2. 针对多名干预对象，可将下述思考问题做成一页新的 PPT，每次呈现一个问题，请干预对象各抒己见。

读完上述故事，请你思考：

1. 你曾受过欺负吗？
2. 当你受到欺负时，你的应对方式是什么？
3. 你认为在监狱里面能找到真正的朋友吗？
4. 什么原因能阻碍你或让你找到真正的朋友？

【解析】

操作建议

1. 针对个别干预对象，在解析时，应根据干预对象自身的实际问题，结合下述解析内容，使用自己的语言，进行有针对性的解析。

2. 针对多名干预对象，可按照下述段落符号，分段呈现在每一页 PPT 上，如编号 1 即一页 PPT，编号 2 是另一页 PPT。如有可能，可给每页 PPT 配上相关主题图片。

（1）欺凌是指人与人之间欺负弱小的行为。欺凌多发生在人员长期密集的场所，欺凌过程蕴含着一个复杂的互动状态，欺凌者会对被欺凌者构成心理问题，影响健康，甚至造成自杀。

（2）欺凌，主要表现是欺负弱小的人，令受害者在心灵及肉体上感到痛苦。欺凌通常都是重复发生，而不是单一的偶发事件。有时是一人欺负一人；有时是集体欺负一人；有时是一人欺负集体。通常欺凌者不觉得自己不对，而且加上大部分受害者怕事，默默承受而不敢反抗和告发欺凌者，于是变成了一发而不可收拾的恶性循环。另外，也有可能受限于体制的关系，受害者

无法反抗。

（3）欺凌者大概有两种类型：

一是主动的欺凌者，主要表现为：霸道和冲动，倾向使用暴力欺压他人，并且自认为是老大；比较以自我为中心，对受害者缺少同情心；得到部分朋辈的认同；行为上比起其他人要突出。

二是被动的欺凌者，主要表现为：看见欺凌者的暴力行为得逞，于是协助及附和欺凌者，有些人则借此保护自己，免受欺凌；看见欺凌者欺凌他人后，则嘲笑受害者。

（4）作为被欺凌者，其自身的性格特点也容易造成易被他人所欺凌。易成为受害者类型：性格内向、害羞、怕事、不受重视，只有很少朋友，在监狱中十分孤单；缺乏与朋辈相处的社交技巧，容易引起狱友不满和反感；有身体障碍者、有智力障碍者；沉默、表达能力不佳者；性格或行为上有异于他人者。

（5）欺凌现象对受害者的影响：恐惧、消沉、抑郁、创伤后遗症、忧虑、胃痛、自残、自杀，甚至自己也有可能成为欺凌者。

二、知识呈现环节

习得性无助实验

心理学家塞利格曼曾经做过一个著名的实验——习得性无助实验。

在实验当中，塞利格曼准备了三只狗：

第一只不进行任何训练，只是简单地被束缚住，然后又松开；

第二只被束缚住，接受短暂会带来痛苦感的电击，同时训练这只狗推动杠杆停止电击；

第三只同样被束缚住并会受到电击，但

和第二只不同的是，第三只狗身边的杠杆是无效的，不会停止电击。

在实验结束后，前两只狗都很快恢复到平常的状态，而第三只狗却陷入了严重的消沉抑郁症状中。

操作建议

1. 上述故事可以口头讲述，也可以用书面的形式向干预对象做展示。

2. 待干预对象阅读完毕，首先确保干预对象读懂了实验。紧接着，向干预对象提出问题：为什么第三只狗陷入了消沉抑郁之中？

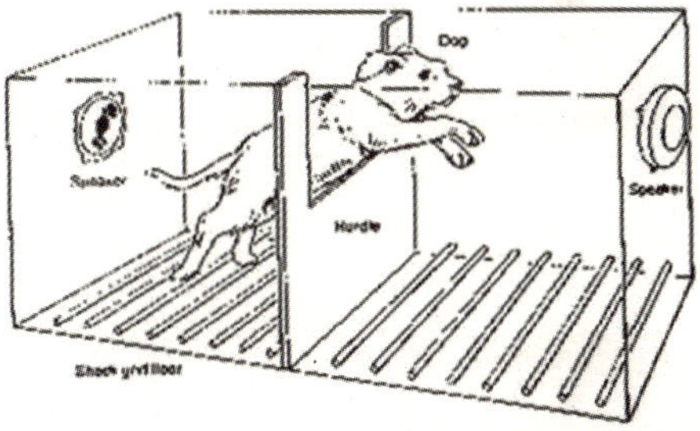

后来塞利格曼对这个实验进行了改进：他将两组狗放入吊床中，都对它们进行短暂但是会带来痛楚感的电击。

第一组狗可以通过碰触按钮来停止电击，而第二组狗依然需要面对一个没有任何作用的按钮。

此后，塞利格曼把这两组狗都放入到小房间内，用栅栏挡住它们。

当房间地板通电对狗造成电击后，第一组狗很快越过栅栏逃出电击范围，而第二组狗尽管能够看到第一组狗成功逃脱，但依然只会躺在原地被动忍受电击的痛苦。

塞利格曼将这种后天获得的行为绝望称为“习得性无助”。

操作建议

1. 上述故事可以口头讲述，也可以用书面的形式向干预对象做展示。

2. 上述故事呈现结束后，紧接着呈现下文内容。

在塞利格曼之后，又有日本的心理学家利用噪音在人类被试者身上重现了同样的实验结果，证明了习得性无助在人类身上同样有效。

一个人被欺负选择了自杀。这时，很多人会产生一种疑问，为什么宁愿自杀，也不反抗呢?

【解析】

操作建议

1. 针对个别干预对象，在解析时，可依据下述内容结合对干预对象本身的了解，针对干预对象的情况做出具体的解释。

2. 针对多名干预对象，可按照下述段落符号，分段呈现在每一页PPT上，如编号1即一页PPT，编号2是另一页PPT。如有可能，可进一步提炼每页PPT呈现的内容，尽量做到简洁有效。

为什么宁愿自杀也不反抗?

（1）很多人想不明白一个问题：那些欺凌案件中的受害者，在遭受了侮辱和欺凌后，为什么会有人默默地选择了自杀，而不是拿出鱼死网破的决心先报复那些欺凌他们的加害者？在提出问题的人看来，如果自己受到了欺侮，被逼入绝境，一定会想方设法地先狠狠报复一番那些伤害自己的人，哪怕大家同归于尽也无所谓。但又是什么原因，阻碍了那些受害者的报复行动，令他们的“勇气”只表现为自杀，而没有变成报复的动力呢?

（2）在知识呈现环节，我们向大家展示了塞利格曼的实验，介绍了一个概念——习得性无助。一个人被欺凌，最终选择了自杀，其真正的原因就是陷入了一种习得性无助的状态。我们进一步来解析一下，为什么会陷入习得性无助，具体原因大体如下：

一是有时候不是没勇气报复，而是没有力量报复。

如果我们去深入研究这些自杀的受害者的成长史，往往会发现在他们过去的经历中，有过大量的受到伤害而无法得到帮助的经历，甚至有可能在求助之后受到更严重的伤害的情形。与那些无法停止电击的狗一样，他们在过去的经历中从未获得过可以摆脱伤害的经验。而比受到电击的狗更糟糕的是，在过去的经验里，他们所面对的加害者往往在年龄、体格、人际关系等很多方面都具有压倒性的优势，这种巨大的落差会令他们在受到侵害的同时还会受到精神或肉体方面的威胁，因而令他们陷入既无法求助，也无法摆脱伤害的境地。受到这样的折磨久了，这些受害者就形成了习得性无助的心理状态。

在习得性无助的状态下，即使是要受害者摆脱加害人，都会成为一件不可能的任务，更不用说向加害者进行报复了。在这种情况下，受害者甚至可能对近在咫尺的报复或是逃脱的机会视若无睹，因为对他们来说，受到欺凌固然是痛苦的，然而比起试图反抗或者报复引来更剧烈的痛苦，他们还是更情愿忍受现在相对不那么暴烈的痛苦。因此，指望已经处于习得性无助状态中的人自己突然“开悟”，基本上是不现实的。

二是自杀，与勇气无关，与控制感有关。

每个人都希望掌控自己的生活。处于习得性无助状态下的人会有情绪低落，丧失行动力的表现，这些表现与抑郁症十分相似，那么是不是习得性无助就会引发抑郁症呢？塞利格曼同样对这个问题进行了研究，并得出结论：习得性无助产生的动机缺乏、认知障碍和抑郁性情绪可能会使人抑郁，但它并不是抑郁症的必要条件。他将由习得性无助产生的抑郁称为无助性抑郁症，也就是把一件事情上遭遇到的习得性无助感，泛化到生活中的各个方面，认为自己所做的一切都没有意义和价值，甚至可能会感觉到生无可恋。

当欺凌事件发生时，除了肉体或精神上的虐待之外，往往还会伴随着加害人对受害人的贬低和否定。贬低和否定可能是有意识的，也可能是加害人想要正当化自己的虐待行为而无意识选择的，但不论是出于哪一种原因，贬低和否定都会导致受害人在遇到困境时，更容易认为是自己的原因，甚至因此认为自己是个一无是处的人。他可能会认同了加害者灌输的信念，认为自己受到这种痛苦完全是咎由自取，而这种情况也不会发生改变，甚至在其他情况下他也可能会遇到打击和痛苦……在这种归因模式中，受害者丧失了对自我以及对周遭的控制感，而控制感的丧失又进一步加剧了抑郁症状的程度。

控制感对人们维持健康的生理和心理状态有重要意义，它是一种重要的心理资源，能够为人们进行各种活动提供良好的心理素质，还能帮助抵御不良的外部刺激。处于习得性无助状态下的受害者长期丧失控制感，他们已经无法清晰地分辨一件事情的是非曲直，仿佛所有的因素都搅和到了一起，互相牵扯，而其中唯一能够清晰感受到的就只剩下了被当作一切罪魁祸首的自己。

在这种失控状态中，自杀作为一种行为选项便浮出了水面。

与身处正常环境中的正常人所不同的是，对于这些处于失控状态的受害者来说，自杀并不是一件需要勇气的事情，恰恰相反，它是一件用于标示自己仅存的控制感的事情。换句话说，当受害者感到一切都已经不可控时，他有可能会想到自己还有一件事情可以控制，那就是生命。尤其是当这个受害者已经受到了太多不合理的指责后，他有可能会认同加害者对他的指控，认为自己是一切问题的罪魁祸首。在这个时候，相比自杀，继续活下去才需要更多的勇气和毅力——去面对一个充满痛苦而且自己又无法把握命运的世界。

所以很多人会说，死都不怕，还会害怕活吗？读完了这段文字，也许你们对这个问题会有了新的认识。

三、体验环节

操作建议

1. 结合压力宣泄室使用。
2. 建议在咨询师的陪伴下，一对一进行。

现实模拟：娃娃娃娃我恨你

活动要求：

1. 引导干预对象进入宣泄室。

2. 先让干预对象对宣泄娃娃进行敲打，咨询师可以做示范。

3. 待干预对象敢于自己敲打后，将其中的一个宣泄娃娃命名为一个欺凌者。

4. 在干预对象身边做陪伴，鼓励干预对象对其进行言语或行为上的攻击。

【解析】

操作建议

1. 针对个别干预对象，在解析时，可依据下述内容结合对干预对象本身的了解，针对干预对象的情况做出具体的解释。

2. 针对多名干预对象，可按照下述段落符号，分段呈现在每一页 PPT 上，如编号 1 即一页 PPT，编号 2 是另一页 PPT。如有可能，可进一步提炼每页 PPT 呈现的内容，尽量做到简洁有效。

重建控制感，就是重新赢得生命力

（1）说了那么多关于受害者为什么会自杀的解释，也许有人会问，既然已经知道了受害者会自杀是因为丧失控制感，丧失控制感又是因为存在习得性无助的状态，那么我们是否有帮助这些受害者的办法呢？

当然有。

（2）帮助欺凌事件中的受害者的第一步，就是将他们与加害者隔离，使加害者无法继续接触受害者，让受害者进到一个相对安全的环境中。即使做不到完全隔离，至少也要为受害者提供一个相对安全的环境，让他们可以在这个安全的环境中学习新的处事办法。

在塞利格曼的第二个实验中，塞利格曼尝试把蜷缩在地上忍受电击的狗抱起来，带着它穿过栅栏，进入到没有电击的环境中。反复两次后，再对狗进行电击时，它就会跃过栅栏，尽快抵达没有电击的环境里。塞利格曼的实验证明了无助感可以通过后天学习获得，同样地，控制感也可以通过后天学习获得。

（3）因此，当一个充满了习得性无助的人，在安全的环境里学习到自己对事件的结果能够加以影响时，他们就获得了对自己行动的控制感，而这种控制感会增强他们的生命力，令他们变得更加积极。通过长期反复的训练，这些欺凌事件的受害者也最终能够摆脱一直困扰着他们的习得性无助，变得更有力量。

（4）所以，当你身边有一个遭受欺凌的受害者时，如果你希望帮助他，那么最好尽量为他提供一个安全的环境，令他能够安心在你身边放松精神。不要指责他，不要质问他为何不反击，这种话对于连活下去都感到痛苦的人来说，就像问没有饭吃快要饿死的人“何不食肉糜”一样，不仅无用，而且还可能造成新的伤害。只要这个受害者能够在安全的新环境里学习到如何把握自己的生命，如何表达被压抑的情绪，他迟早会找到属于自己的应对方法。

四、提升环节

小活动：学唱杨培安歌曲《我相信》

操作建议

1. 此部分内容需要在干预对象已经初步找到应对方式，并逐渐培养自信时，进行呈现。

2. 呈现方式可以采用视频方式，但强烈建议由咨询师来进行教学。教学过程中学习歌词的过程，就是一种对干预对象进行培养的过程。

想飞上天
和太阳肩并肩
世界等着我去改变
想做的梦
从不怕别人看见
在这里我都能实现
大声欢笑让你我肩并肩
何处不能欢乐无限
抛开烦恼
勇敢地大步向前
我就站在舞台中间
我相信我就是我
我相信明天
我相信青春没有地平线
在日落的海边
在热闹的大街
都是我心中最美的乐园
我相信自由自在
我相信希望
我相信伸手就能碰到天
有你在我身边
让生活更新鲜
每一刻都精彩万分
I do believe
想飞上天
和太阳肩并肩
世界等着我去改变
抛开烦恼
勇敢地大步向前
我就站在舞台中间
我相信我就是我
我相信明天

我相信青春没有地平线
在日落的海边
在热闹的大街
都是我心中最美的乐园
我相信自由自在
我相信希望
我相信伸手就能碰到天
有你在我身边
让生活更新鲜
每一刻都精彩万分
I do believe
我相信（我就是我）
我相信（自由自在）
我相信（我相信我相信）
I do believe
我相信我就是我
我相信明天
我相信青春没有地平线
在日落的海边
在热闹的大街
都是我心中最美的乐园
我相信自由自在
我相信希望
我相信伸手就能碰到天
有你在我身边
让生活更新鲜
每一刻都精彩万分
I do believe
oh ~ ~ ~
ah ~ ~ ~

【解析】

通过学习歌曲《我相信》，体验控制感，增强自信心。

操作建议

干预对象能够熟练演唱歌曲，这表示在经历至少四次咨询之后，咨询过程暂告一段落。为更好地对咨询效果进行保持，在咨询结束时，可向干预对象呈现下述两个故事。

仅仅是唱歌所取得的效果有限，我们还有两个小故事：

第一个故事：《鸠占鹊巢》

有个实验非常有趣，实验者想知道寄生在别人窝里的小鸟，如何知道它自己是谁。像杜鹃鸟专门把蛋下在麻雀窝里，让麻雀替它孵蛋，但杜鹃鸟长大了并不会以为自己是麻雀，还是去找杜鹃鸟交配。它如何知道自己跟“养父母”不一样呢？实验者把刚孵出的杜鹃鸟隔离长大，让它不曾见过任何一只鸟，然后把一些小鸟的羽毛染色，另一些则保留原来的颜色，等小鸟长到两个月大，再把两只成年杜鹃鸟放进实验室，一只染了色，一只没染，结果发现小鸟喜欢跟自己一样颜色的大鸟在一起。这表示它会检视自己，知道自己的特征，在脑中形成样板模型将其他的鸟与自己相比，产生我们看到的“物以类聚”现象。

这个实验很重要，让我们看到动物可以检视自己，知道自己是谁。那么，人类是如何发现自己，检视自我呢？人有一个很重要的发明——镜子。

第二个故事：《发现自己》

纽约一栋摩天大楼的老板，每个月都为昂贵的电梯修理费苦恼，因为楼很高，电梯不是一按按钮就来，乘客往往等得不耐烦，一直连续按按钮，所以电梯按钮坏得很快。

人们虽看见电梯按钮已经亮了，还是要再按一下才安心，好像别人按的都不算，非得自己的“魔术指”按一下，电梯才会来。这个老板在电梯旁贴很多告示，都没有效，最后他贴出悬赏，若有人能使乘客改变习惯，给予厚奖。

结果一名心理学家在电梯门上装了一面大镜子，轻易解决了问题。因为镜子使乘客看见自己的猴急样，只要一站到镜子前，立刻变得有礼貌了，原先熙熙攘攘的人群，在镜子前都成了绅士、淑女，耐心等待电梯，这就是镜子的妙用。

所以，很多时候，人要打破习惯，改变行为，首先要意识到自己。你的不改变，很多时候只是在于不自知而已。

这又让我们想起了刻在古希腊太阳神神庙外的一句神谕：“认识你自己。”

第二节　与家庭的关系导致的死亡意念

一、导入环节

操作建议

1. 当干预操作针对个别对象时，可将下述故事单独打印在一张白纸上，请其自主完成阅读。如因文化程度问题不能自主阅读，也可由咨询师代为阅读。

2. 当干预对象为多人时，可将下述故事做成 PPT，并配以相关的图片。

曼德拉的故事——把怨恨留在身后

南非前总统曼德拉因为领导反对白人种族隔离的政策而入狱，白人当局把他关在荒凉的大西洋小岛罗本岛上 27 年。当时，曼德拉年事已高，但看守他的三个白人狱警依然像对待年轻犯人一样对他进行残酷的虐待。

纳尔逊·曼德拉（1918—2013）

1991 年，曼德拉出狱并当选总统，他在就职典礼上的一个举动震惊了整个世界。

总统就职仪式开始以后，曼德拉起身致辞，欢迎来宾。他依次介绍了来自世界各地的政要，然后他说，能接待这么多尊贵的客人，他深感荣幸，但他最高兴的是，当初在罗本岛监狱看守他的 3 名狱警也能到场。随即邀请他们起身，并把他们介绍给大家。

曼德拉的博大胸襟和宽容精神，令那些残酷虐待了他 27 年的白人汗颜，也让所有到场的人肃然起敬。看着年迈的曼德拉缓缓站起来，恭敬地向 3 个曾关押他的看守致敬，在场的所有来宾以至整个世界，都静下来了。

后来，曼德拉向朋友们解释，自己年轻时性子很急，脾气暴躁，正是狱中生活使他学会了控制情绪，因此才活了下来。牢狱岁月给了他时间与激励，也使他学会了如何处理自己遭遇的痛苦与磨难。

获释当天，他的心情很平静。他说："当我走出囚室，迈过通往自由的监狱大门时，我已经清楚，自己若不能把悲痛与怨恨留在身后，那么我其实仍在狱中。"

操作建议

1. 针对个别干预对象，下列思考问题最好由咨询师一个个单独提问，请干预对象进行回答。

2. 针对多名干预对象，可将下列思考问题做成一页新的 PPT，每次呈现一个问题，请干预对象各抒己见。

读完上述故事，请你思考：

1. 什么是真正的自由？

2. 我们究竟该如何看待我们的现状？

3. 我们究竟该如何看待我们的过错行为？

【解析】

操作建议

1. 曼德拉的故事，解释的侧重点在于对事件的另一个视角。就像硬币的两面，从一面看是一个样子，从另一面看又是另一个样子。咨询师在解析时，要注意这个切入点。

2. 这个故事呈现的最终目的在于让干预对象可以从一个新的视角认知自己的犯罪行为的原因。

（1）很多人在分析自己犯罪原因的时候，总是倾向于将原因归结为自己不幸的家庭以及悲惨的成长环境。的确，家庭教养方式的不当以及成长环境的不良，能够对我们形成巨大的影响，甚至可以在某种程度上说，这种影响是终身的。因为我们的个人历史不会改变，所以，很多人终身都是背负着过去的悲惨。

（2）但当我们长大之后，我们具有了独立的人格，对问题有了自己的独立分析能力，在这样的情况下，对于这个世界应该怎么看待，应该怎样过自己的生活，就有了自己独立的决定权。

（3）既然如此，我们应如何来看待过去曾经伤害过我们甚至是抛弃过我们的家庭、世界呢？

（4）生活中，我们总会遇到很多烦恼和不顺心之事。我们的心中充满了痛苦，总是怨天尤人、抱怨不平，似乎总有那么多的不满和不如意，那是因为我们的心中缺少像曼德拉一样的宽容大度和感恩之情。

一个人内在的潜力无法完全发挥出来。长远来看，“病其体肤”的确有孟子所说的“增益其所不能”的功效。经历患难、疾病带来的好处，就是发展我们内在忍耐的性格，使我们面对外在的各种压力，更能胜过人生各样的挑战。诚心诚意地接受、忍耐，从疾病的痛苦中参透苦恼的根由。这样，我们便能在今后的日子里领悟，病痛可以带给我们悔改的真谛。同时你因病痛，对生命的领悟更为深刻，对明日充满希望。

疾病让我们学会同情。苦痛使我们更富同情心。苦痛使我们的心柔软，也使我们更了解他人。耶稣在末日审判的时候说：“我病了，你们看顾我。”在我们旁边总是有患病的人，我们应当将这视为我们行善的机会，他们需要我们的探访、安慰与同情。面对疾病与死亡，我们实在需要“彼此分担重担”与“以恩慈相待”。

人生的历练需要多种途径，疾病对人是一种不可缺少的历练，从炼狱般的疾病中走出来的人，更能真正体悟到生命的可贵。就像从战场的枪林弹雨中走出来、九死一生的人，对人生的达观绝对不是我们一般人的态度。疾病也是这样，只有经历过重病、顽症甚至绝症的人，当他从疾病的阴影中走出来，他对人生才会有一种独特的理解。

当你在进取的路上行进时，你在拼搏和努力。这中间，你都是通过自己的努力来改变自己的命运。当你取得一个个成功时，你心中可能在暗暗自喜，觉得自己掌控了自己的命运，但你并不知道自己的能量已经消耗得差不多了。疾病这个时间出来告诉你，需要改换生存路向，因为，这种路向超过了你命运的限度。

蒙田告诫人们：死，并非因为你生病，而是因为你活着。死神不必借助疾病就很容易杀死你……人不必抱怨与健康共同忠实地分享他一生时光的疾病。或许，真相真的就如艾洛特所言——我们仅有的健康就是生病。

人们用良药疗救病苦，我却把病苦当作良药。

你病了，你活着，这并不是一件坏事。

四、提升环节

小活动：思考疾病的意义

【解析】

人存在的方式是多种多样的，愚昧迷信，解放思想，追求真理，是人的存在方式；健康强壮，生病虚弱，不可否认也是人的另一种存在方式。

从历史的长河上看，人类发展有时像扭秧歌一样踱步。人的存在方式不是一成不变的，人的思想有时像夜空的启明星，睿智而清晰，但有时也仿如布满迷雾的森林，不知向何方前进；而人类也不能奢望我们的身体永远保持健康、远离疾病，曾经健康强壮的人有一天也会患上疾病，而 ICU 患者也拥有康复走出病房的可能性。

人存在的方式是多样的，如果说人生是富有意义的，那么患有疾病的个体生活的意义又是怎样的呢？

最后，我们用一个故事来做结尾。有一位男士讲到，他太太刚去世不久，他在整理他太太东西的时候，发现了一条丝质的围巾，那是他们去纽约旅游时，在一家名牌店买的。那是一条雅致、漂亮的名牌围巾，价格卷标还挂在上面，他太太一直舍不得用，想等一个特殊的日子才用。讲到这里，他停住了，好一会他才继续说道："再也不要把好东西留到特别的日子才用，你活着的每一天都是特别的日子！"